TensorFlow 인공지능 워크북

25시간만에 배우는 머신러닝 예제:

텐서플로

김상권 김현동 곽수빈 한현수 장한별 김준석 지음

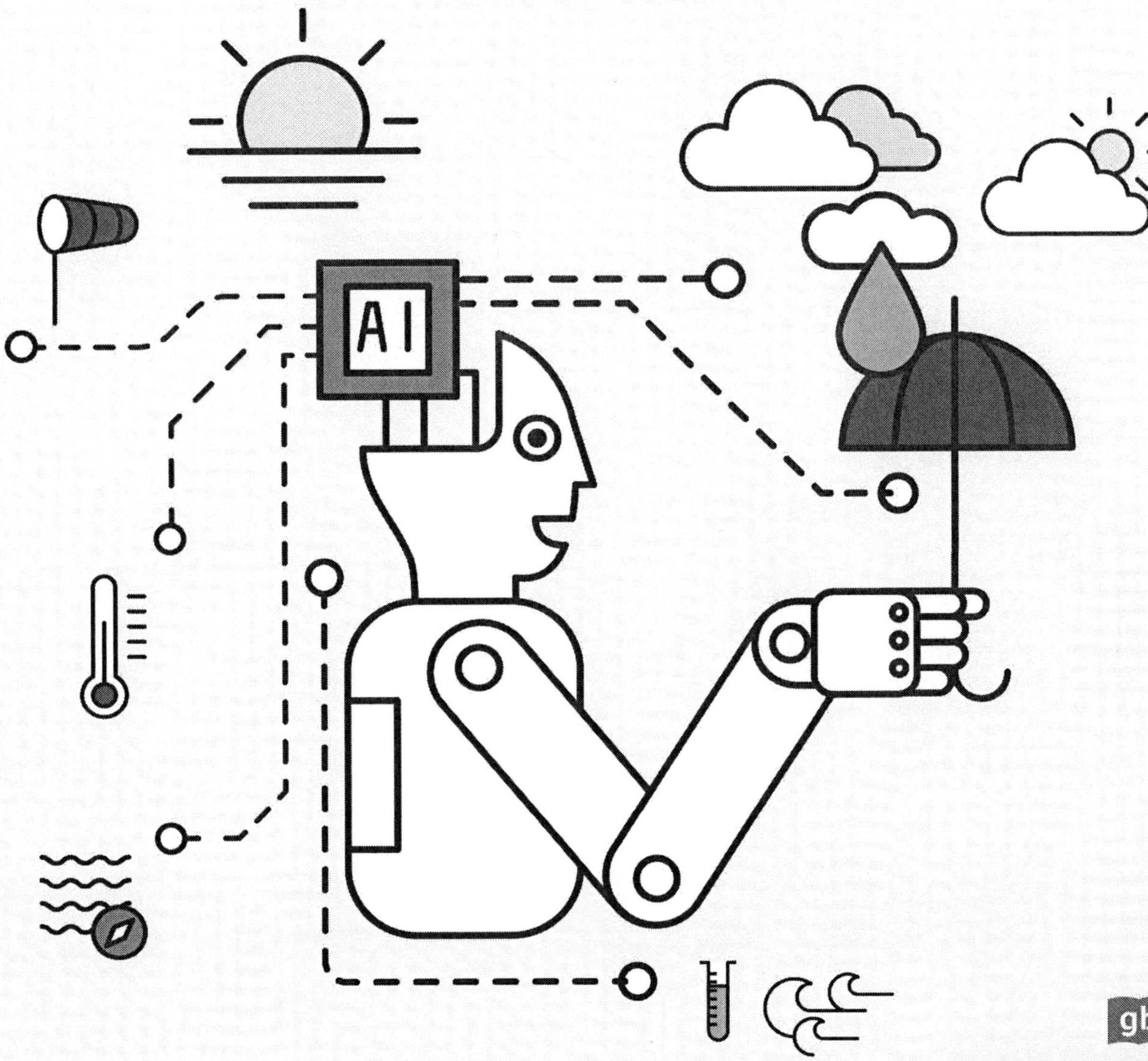

gb
지오아카데미

저자 **김 준 석**

- 고려대학교 수학교육과 졸업(1995년, 이학학사)
- 서울대학교 수학과 대학원 졸업(1997년, 이학석사)
- University of Minnesota 수학과 대학원 졸업(2002년, 이학박사: 응용수학, Computational Fluid Dynamics, 과학계산 전공)
- University of California, Irvine 수학과(2002년-2006년, 박사후연구원)
- 동국대학교 수학과(2006년-2007년, 조교수)
- 고려대학교 수학과(2008년-현재, 교수)
- 다양한 주제를 바탕으로 교육 및 연구 프로젝트를 수행하고 다수의 논문과 저서를 공동연구자들과 같이 발표

cfdkim@korea.ac.kr
http://math.korea.ac.kr/~cfdkim

25시간만에 배우는 머신러닝 예제
텐서플로 인공지능 워크북

초판인쇄 2021년 5월 1일
초판발행 2021년 5월 1일

저 자 김상권 김현동 곽수빈 한현수 장한별 김준석
펴 낸 곳 지오북스
발 행 인 신은정
주 소 서울 중구 퇴계로 213 일흥빌딩 408호
등 록 2016년 3월 7일 제395-2016-000014호
전 화 02)381-0706 | **팩스** 02)371-0706
이 메 일 emotion-books@naver.com
홈페이지 www.geobooks.co.kr

ISBN 979-11-91346-04-6
값 17,000원

>>> 이 책을 펴내며

인공지능, 머신러닝은 많이 들어본 단어이지만 초보자에게는 쉽게 이해하기 힘든 내용이었다. 어떻게 하면 쉽게 머신러닝의 원리를 이해할 수 있을까 해서 이 책을 쓰게 되었다. 많은 내용을 다루는 것보다 핵심적인 내용을 단기간에 배울 수 있도록 구성하였다. 구체적으로는 MNIST 손글씨 데이터를 인식하는 알고리즘을 집중적으로 소개할 것이다. 좀 더 자세하고 깊이 있는 내용은 관련 참고문헌을 찾아서 학습하면 좋겠다. 본 도서는 '25시간 만에 배우는 머신러닝 예제: MATLAB 활용'의 TensorFlow 버전이다. 텐서플로(TensorFlow)는 구글(Google)에서 머신러닝과 딥러닝을 위해 만든 오픈 소스 라이브러리다. 텐서플로는 여러 데이터(이미지, 음성, 비디오 등)를 쉽게 다룰 수 있으며 다양한 컴퓨터 언어를 지원하고 있다. 또한 머신러닝 분야에서 텐서플로 커뮤니티가 크게 자리 잡고 있어 정보 교류가 빠르다는 장점을 가지고 있다. 따라서 본 도서의 목표는 텐서플로와 머신러닝 알고리즘을 통해 MNIST 손글씨 데이터를 학습하는 코드를 작성하는 것이다. 이 책은 4단계 BK21 사업 미래인재 양성사업의 지원을 받아 집필되었다. 책 내용에 대해서 질문이나 조언이 있는 경우 또는 자료파일이 필요한 경우 이메일(cfdkim@korea.ac.kr)로 문의하면 된다.

>>> 차 례

Chapter 01 설치 및 사용법 · 7

장 1

설치 및 사용법

이 장에서는 파이썬과 텐서플로 설치 방법, 그리고 본문에서 주로 사용하는 기본 표현 및 함수들을 소개한다.

제 1 절 아나콘다 설치하기

텐서플로는 파이썬에서 머신러닝을 구현할 수 있도록 관련 라이브러리를 포함하고 있다. 텐서플로를 사용하기 위해 파이썬 개발 환경이 필요하다. 파이썬 공식 홈페이지에 접속하여 직접 다운로드받아도 설치가 가능하지만 여러 파이썬 라이브러리들을 일일이 다운받아야 하는 불편함이 있다. 또 라이브러리들을 설치할 때, 이따금 문제가 발생한다. 설치 시 발생하는 불편함과 문제를 피하기 위해 운영체제 환경에 맞는 라이브러리들이 포함된 프로그램을 사용하는 것이 좋다. 이 책에서는 가장 인기 있는 배포판 프로그램 아나콘다(Anaconda)를 설치하여 사용할 것이다.

프로그램을 다운로드하기 위해 아래의 주소로 접속한다.

https://www.anaconda.com/products/individual

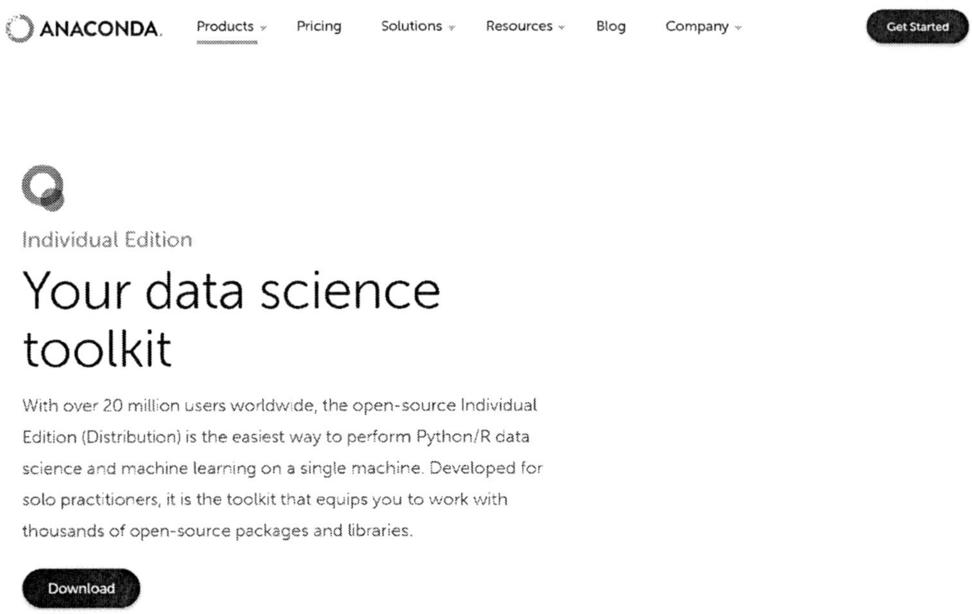

그림 1.1: 사이트 접속 화면

위 페이지 [그림 1.1]에서 'Download'를 누르면 [그림 1.2]와 같은 화면으로 넘어간다.

[그림 1.2]을 보면 32-bit와 64-bit가 있으며 본인의 PC에 설치된 운영체제에 맞게 선택한다. 프로그램을 다운로드 후에 실행시켜 설치를 시작한다.

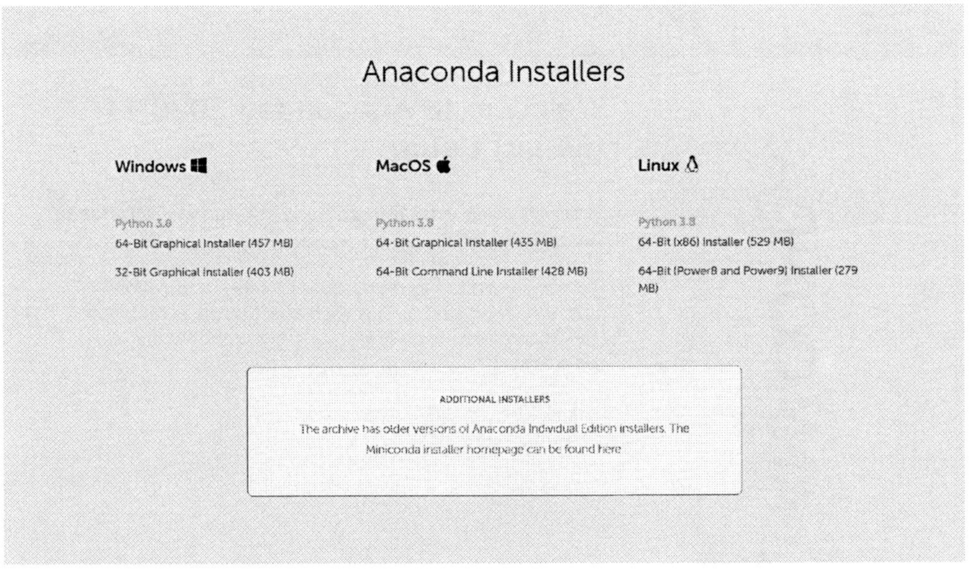

그림 1.2: 프로그램 버전 선택 화면

이제 본격적으로 아나콘다 프로그램 설치가 시작된다. 'Next >'를 눌러 다음 단계로 넘어간다.

그림 1.3: 설치 초기 화면

프로그램 라이센스의 약관에 대한 동의하는 내용이다. ‘I Agree’를 눌러 다음 단계로 넘어간다.

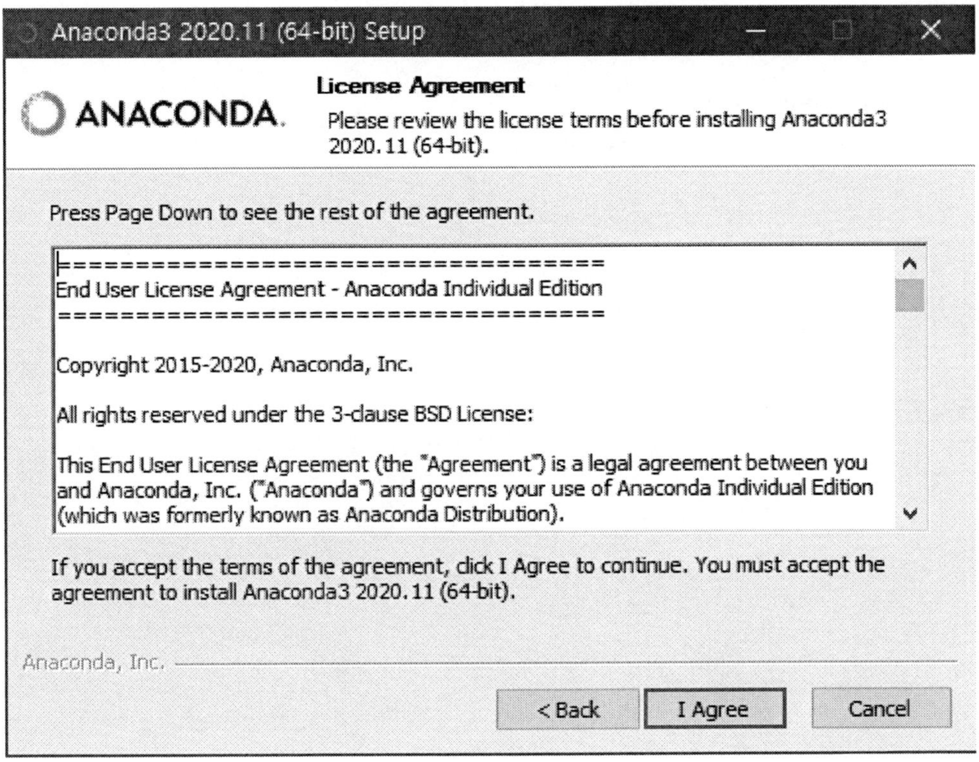

그림 1.4: 라이센스 동의

설치유형을 선택하는 부분이며 'Just Me (recommended)'를 선택하고 'Next >'를 눌러 다음 단계로 넘어간다.

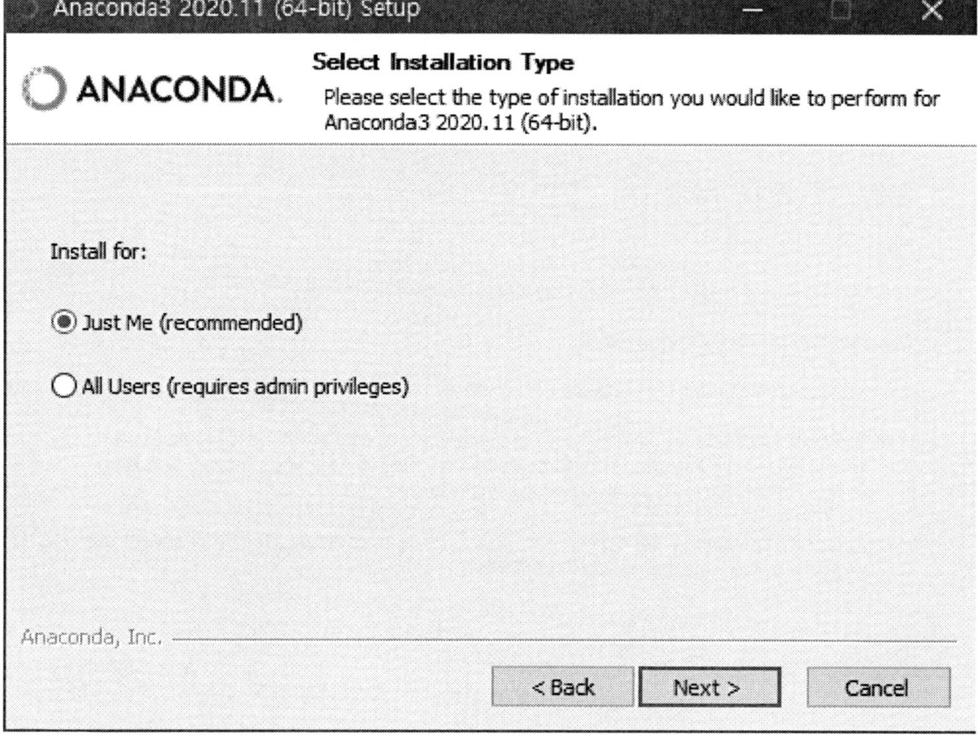

그림 1.5: 설치 유형 선택

아나콘다 설치 위치(폴더)를 정해주는 부분이며 원하는 위치를 지정한 후 'Next >'를 눌러 다음 단계로 넘어간다.

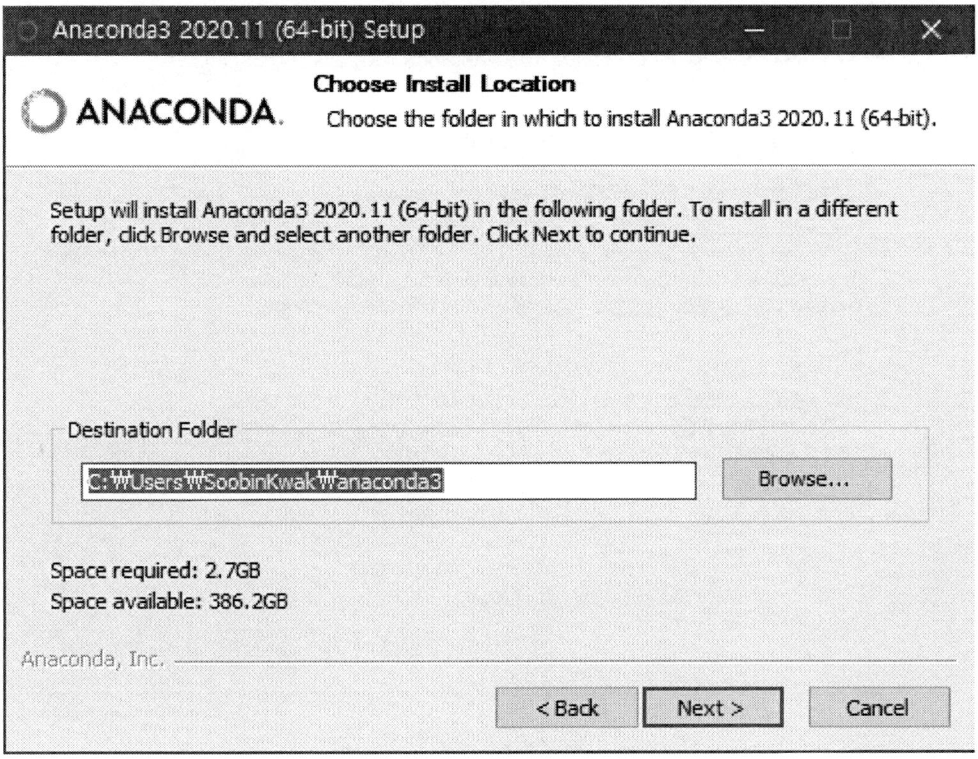

그림 1.6: 설치할 폴더 지정

추가 옵션은 기본상태로 설정한다. 'Install'을 눌러 설치를 진행한다.

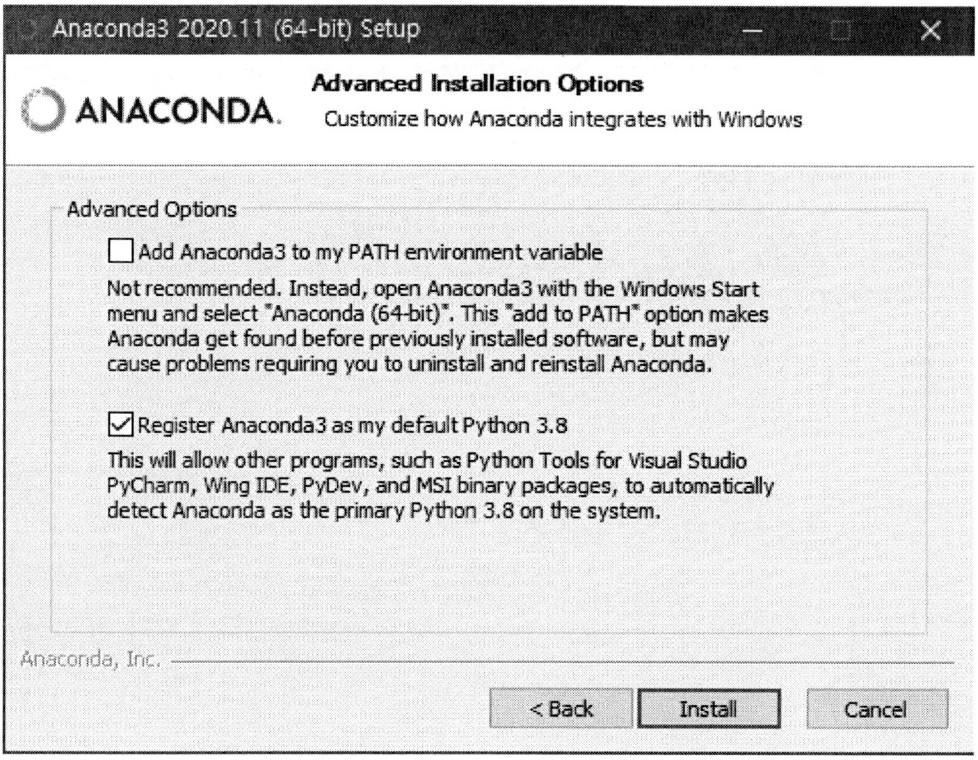

그림 1.7: 설치 버튼

다음과 같은 화면이 나왔다면 정상적으로 설치가 완료된 것이다. 'Next >' 를 눌러 다음 단계로 넘어간다.

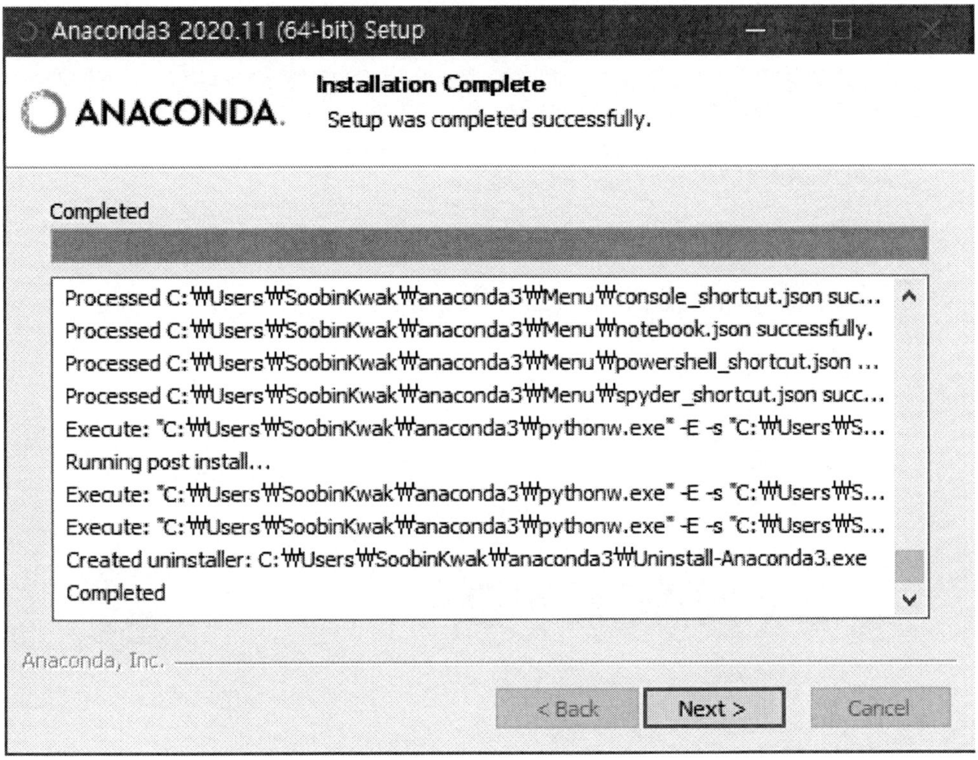

그림 1.8: 설치 완료 창(1)

Pycharm Professional 설치를 권장하면서 설치를 진행할 수 있는 링크를 보여주고 있다. 우리는 '주피터 노트북'이라는 오픈 소스 웹 애플리케이션을 사용할 것이므로 설치하지 않는다. 'Next >'를 눌러 다음으로 넘어간다.

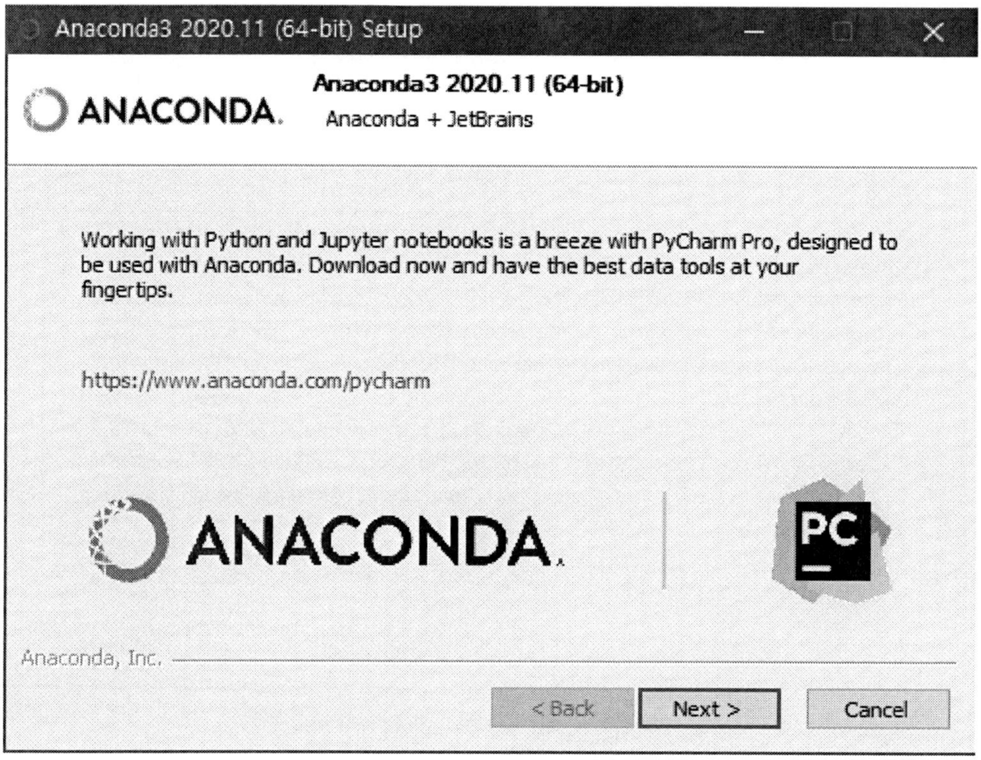

그림 1.9: 설치 완료 창(2)

아나콘다 설치가 완료되었다. 'Finish'를 눌러 설치를 마무리한다.

[그림 1.10]에서 체크박스는 사용법 안내에 대한 홈페이지가 실행되므로 원치 않는다면 체크박스를 해제하고 'Finish'를 눌러 설치를 마무리한다.

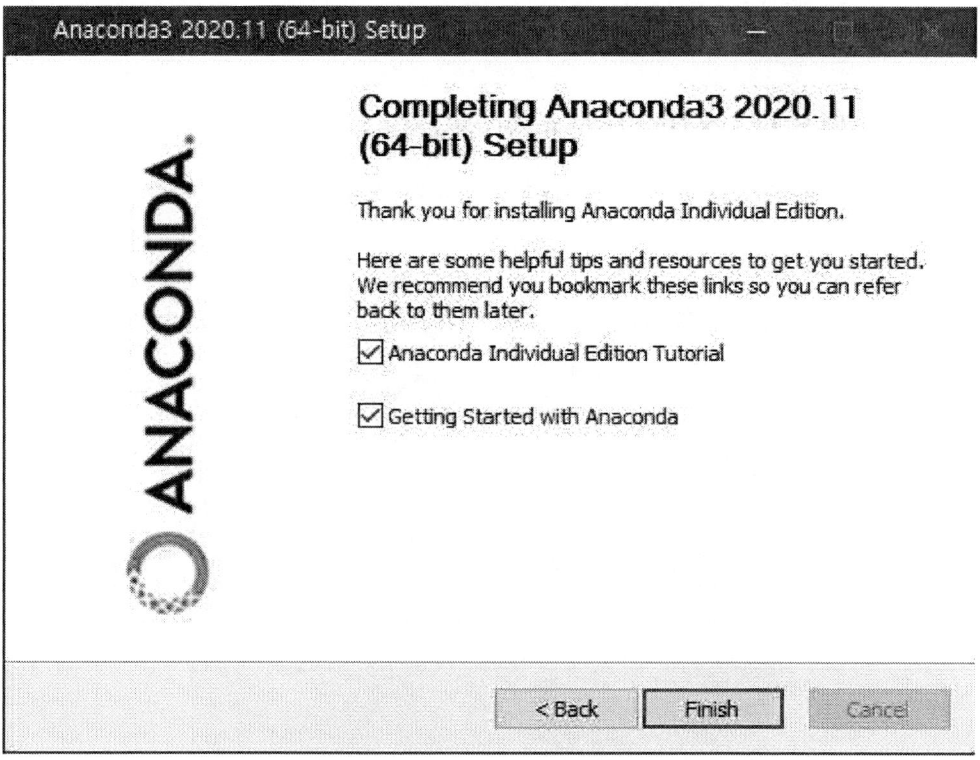

그림 1.10: 설치 완료 창(2)

다음으로는 'Anaconda Prompt'를 통해 가상환경을 만들고 텐서플로와 여러 패키지의 설치 방법을 다룬다.

제 2 절 텐서플로 설치

아나콘다는 가상환경을 만들어 프로젝트에 맞는 패키지 버전 관리를 할 수 있도록 하는 도구(conda)를 제공한다. 이제 가상환경을 만들어 파이썬 3.8, 텐서플로와 여러 패키지를 설치한다.

2.1 'Anaconda Prompt' 실행

시작메뉴에서 'Anaconda3(64-bit)'폴더 안에 'Anaconda Prompt'를 찾은 뒤 마우스 오른쪽 버튼을 눌러 관리자 권한으로 실행한다.

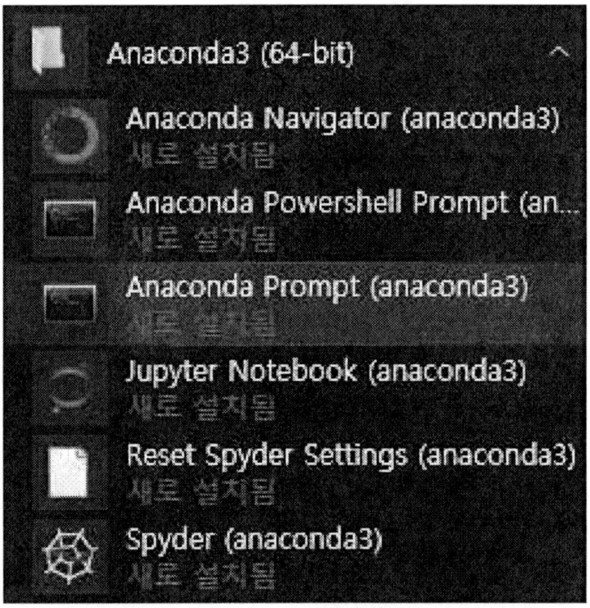

그림 1.11: Anaconda Prompt 실행

2.2 'conda' 업데이트

'Anaconda Prompt'를 사용하여 'conda'패키지 관리를 할 수 있다. 먼저 'conda'를 최신 버전으로 업데이트를 하기 위해 아래 명령어를 입력한다.

그림 1.12: conda 업데이트(1)

다음과 같은 화면이 나오면 'y'를 입력하여 업데이트를 진행한다.

그림 1.13: conda 업데이트(2)

2.3 가상환경 생성

다음 명령어를 입력하여 가상환경을 생성한다. 여기서는 가상환경의 이름을 'TensorFlow'로 정의하였다. 가상환경의 이름은 사용자 임의대로 정하여도 된다.

그림 1.14: conda 가상환경 생성(1)

다음과 같은 화면이 나오면 'y'를 입력하여 가상환경 생성을 진행한다.

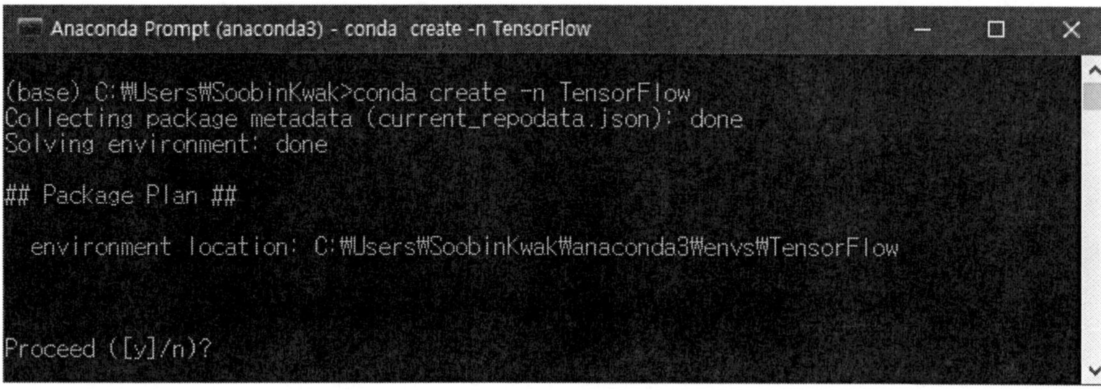

그림 1.15: conda 가상환경 생성(2)

2.4 가상환경 활성화 및 비활성화

가상환경에서 프로젝트를 작성하려면 가상환경을 활성화하여야 한다. 다음 명령어를 입력하여 가상환경 'TensorFlow'를 활성화한다. 활성화되면 다음 그림과 같이 명령줄 맨 앞이 (base) → (TensorFlow)로 변경된 것을 볼 수 있다. 여기서, 사용자가 다른 가상환경 명으로 생성하였다면, 'TensorFlow'자리에 사용자의 가상환경 명을 입력하면 된다.

그림 1.16: 가상환경 활성화

가상환경을 비활성화하려면 다음 명령어를 입력하면 된다. 비활성화되면 다음 그림에서와 같이 명령줄 맨 앞이 (TensorFlow) → (base)로 변경된 것을 볼 수 있다.

그림 1.17: 가상환경 비활성화

2.5 파이썬(Python) 3.8 설치

앞에서 말했듯이 현재 텐서플로는 파이썬 3.8에서 사용할 수 있다. 다음 명령어를 입력하여 생성한 가상환경 'TensorFlow'에 파이썬 3.8 버전을 설치한다.

그림 1.18: Python 3.8 설치(1)

다음과 같은 화면이 나오면 'y'를 입력하여 설치를 진행한다.

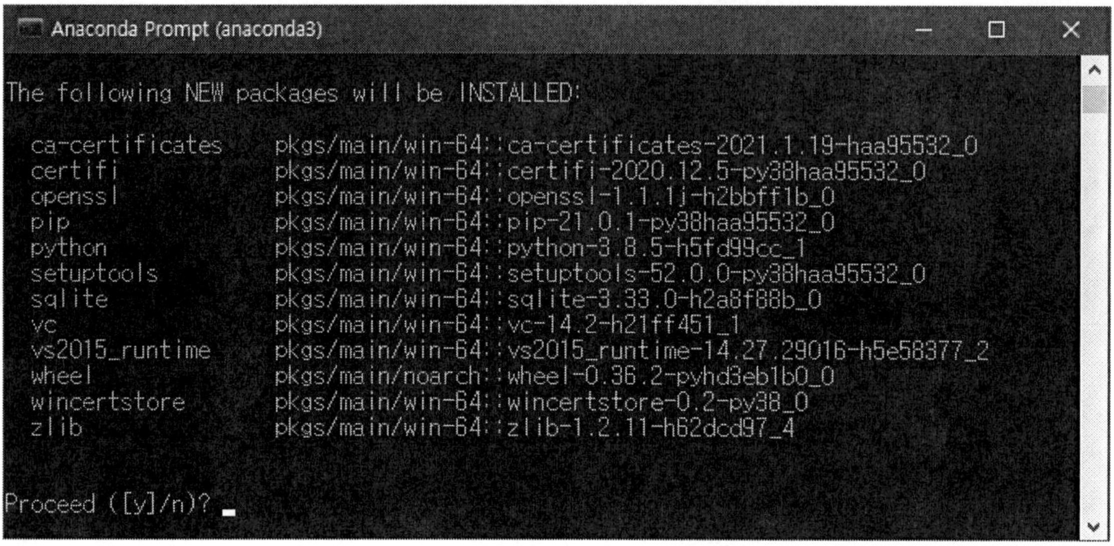

그림 1.19: Python 3.8 설치(2)

2.6 텐서플로(TensorFlow) 2.4.0 설치

텐서플로는 'conda install'이 아닌 'pip install'을 사용하여 패키지를 설치한다. 명령어를 입력하면 바로 설치가 된다.

그림 1.20: TensorFlow 2.4.0 설치(1)

다음과 같은 화면이 나오면 설치가 완료된 것이다.

```
Anaconda Prompt (Anaconda3)
Requirement already satisfied: oauthlib>=3.0.0 in c:₩users₩soobinkwak₩.conda₩envs₩t
ensorflow₩lib₩site-packages (from requests-oauthlib>=0.7.0->google-auth-oauthlib<0.
5,>=0.4.1->tensorboard~=2.4->tensorflow==2.4.0) (3.1.0)
Installing collected packages: tensorflow
Successfully installed tensorflow-2.4.0

(TensorFlow) C:₩Users₩SoobinKwak>
```

그림 1.21: TensorFlow 2.4.0 설치(2)

2.7 패키지(package) 설치

앞에서 파이썬 3.8을 설치한 방법과 유사하게 'conda install'을 사용하여, 다음 명령어를 입력하여 대표적으로 자주 사용하는 패키지 jupyter, numpy, matplotlib를 한 번에 설치한다.

```
Anaconda Prompt (anaconda3)

(TensorFlow) C:₩Users₩SoobinKwak>conda install jupyter numpy matplotlib
```

그림 1.22: package 설치(1)

다음과 같은 화면이 나오면 'y'를 입력하여 설치를 진행한다.

```
Anaconda Prompt (anaconda3) - conda  install jupyter numpy matplotlib
  winpty             pkgs/main/win-64::winpty-0.4.3-4
  xz                 pkgs/main/win-64::xz-5.2.5-h62dcd97_0
  zeromq             pkgs/main/win-64::zeromq-4.3.3-ha925a31_3
  zstd               pkgs/main/win-64::zstd-1.4.5-h04227a9_0


Proceed ([y]/n)?
```

그림 1.23: package 설치(2)

제 3 절 주피터 노트북(Jupyter notebook) 사용법

우리는 오픈 소스 웹 애플리케이션인 '주피터 노트북'을 사용하여 파이썬 코드를 작성 및 실행할 것이다. 다음 명령어를 입력하여 '주피터 노트북'을 실행시킨다.

그림 1.24: 주피터 노트북 실행 코드

주피터 노트북을 실행하면 다음과 같이 웹에서 실행된다. (크롬 브라우저 사용 권장)

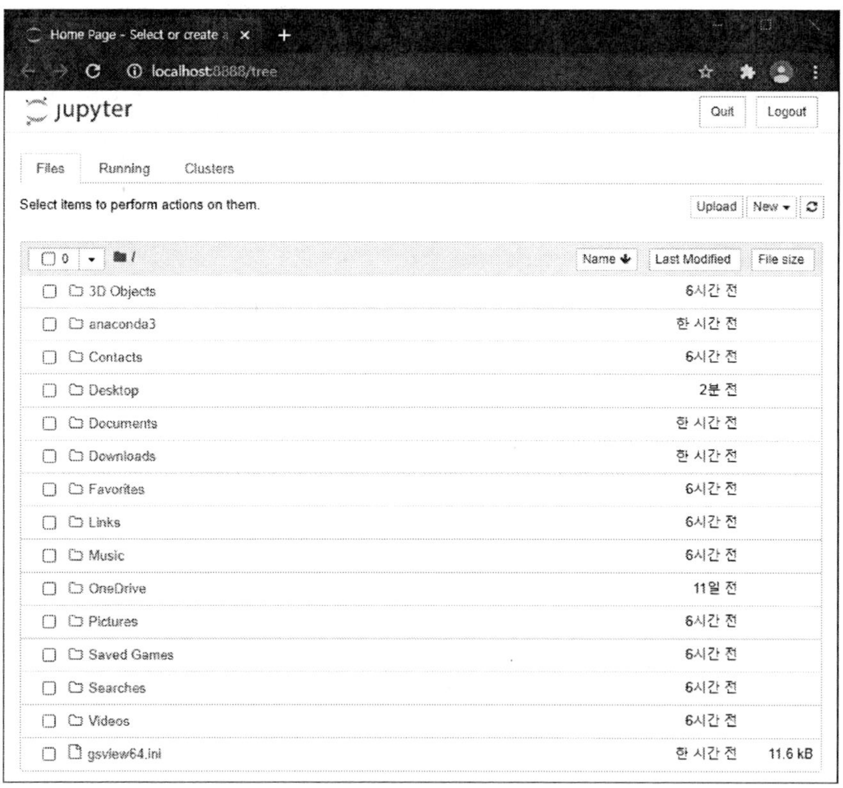

그림 1.25: 주피터 노트북 초기 화면

주피터 노트북을 다시 실행시키고 싶다면 시작메뉴에서 'Anaconda3(64-bit)'폴더 안에 'Jupyter Notebook (TensorFlow)' 를 찾아 마우스 왼쪽 버튼으로 눌러준다.

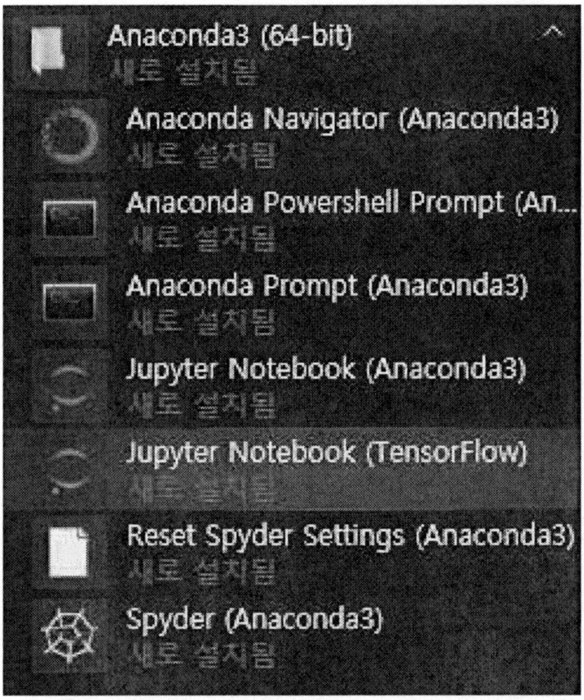

그림 1.26: 주피터 노트북 실행 코드

3.1 파이썬 노트북 만들기

주피터 노트북 초기 화면에서 오른쪽의 'New'버튼을 클릭한 후 'Python3'을 선택한다.

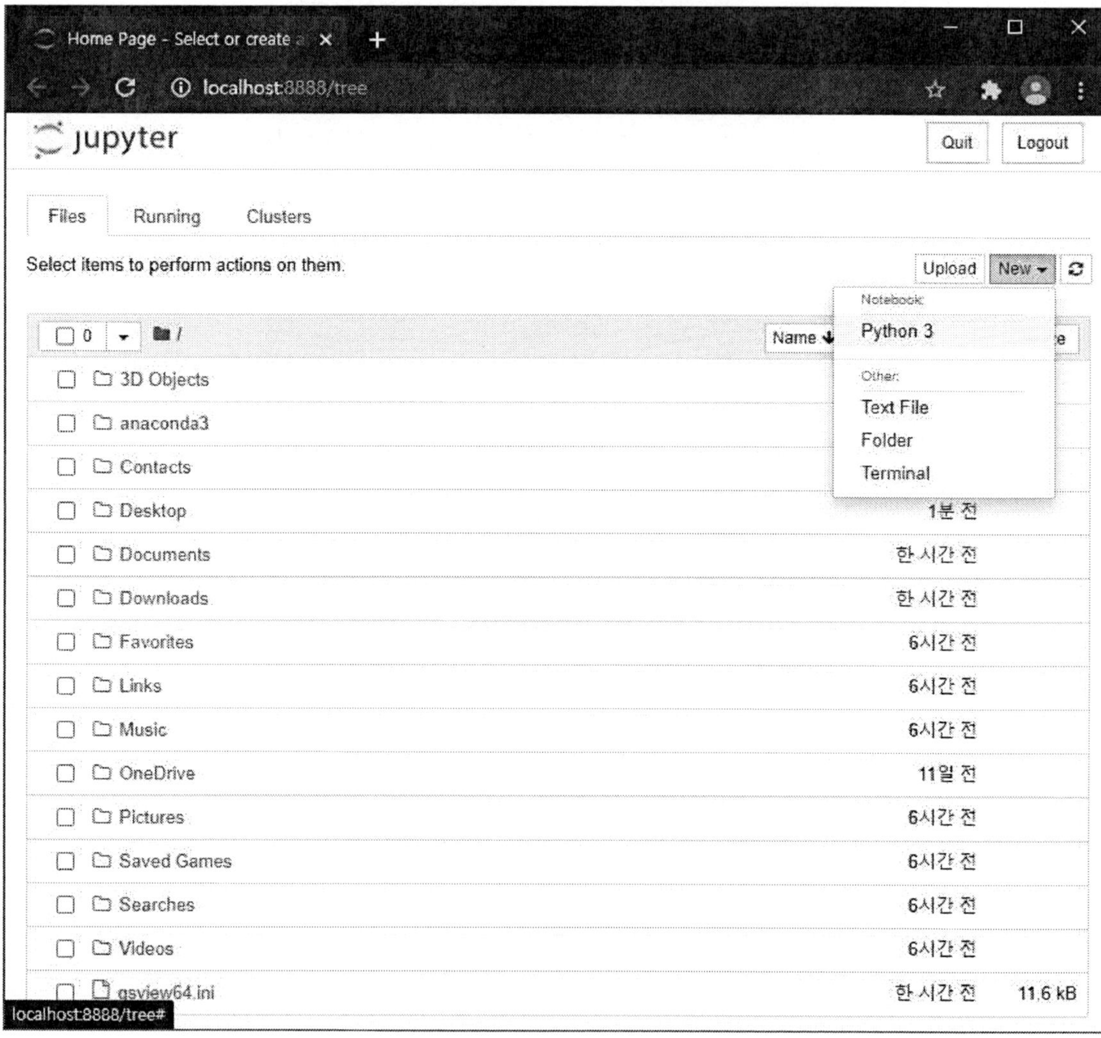

그림 1.27: 파이썬 노트북 만들기

파일명은 'Untitled'로 생성되며 다음과 같은 화면이 새 탭에 나타난다.

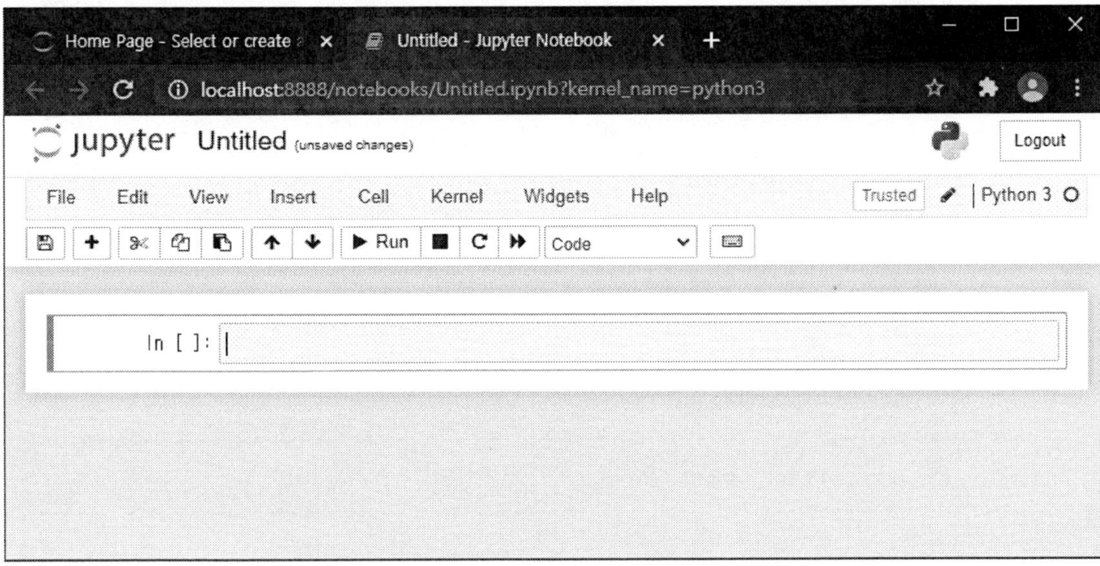

그림 1.28: 새로운 파이썬 노트북

3.2 패키지 설치 확인

'Anaconda Prompt'와 'conda'를 이용하여 여러 패키지를 설치하였다. 패키지가 제대로 설치되었는지 확인하기 위해 다음 명령어를 입력한다. 입력한 셀을 실행(Run)하려면 [▶ Run]을 누르거나 'Shift' + 'Enter'를 누르면 된다.

```
In[1]:  import tensorflow as tf
        import numpy as np
        import matplotlib.pyplot as plt
```

```
In[2]:  tf.print(tf.__version__)
```

```
2.4.0
```

위와 같이 첫 번째 셀을 실행 후 오류 메시지가 나타나지 않으면 패키지가 정상적으로 설치가 되었음을 알 수 있다. 두 번째 셀은 텐서플로 버전을 확인하는 명령어다. 우리는 파이썬 3.8과 텐서플로 2.4.0버전 환경에서 작업을 한다.

제 4 절 기본 명령어

모듈 (import, from import, as)

모듈은 코딩할 때 필요한 내용을 처음부터 끝까지 작업하기 어려우므로 코딩을 부분화하여 미리 만들어 놓은 파일이다. 코드 작업을 할 때 모듈 안에 있는 함수를 사용하기 위해 미리 모듈을 불러와야 한다. 따라서 모듈을 불러오는 방식에 대해 알아보자.

```
import 모듈명
: 모듈을 불러오는 기본 방식

from 모듈명 import 특정함수
: 모듈에서 특정함수만 불러오는 방식

from 모듈명 import *
: 모듈의 모든 함수를 불러오는 방식

import 모듈명 as 모듈명약자
: 모듈을 불러오며, 모듈을 사용할 때 모듈명 약자를 사용하는 방식
```

모듈을 불러올 때 많이 사용하는 방식은 기본적으로 '모듈명.함수명()'으로 사용한다. 다음은 'tensorflow'모듈을 'import' 시키고 'Variable'함수를 사용하여 변수 A를 만들고 출력하는 코드이다. 'Variable'과 같은 함수는 뒤에서 더 자세히 다룰 것이다.

```
In[1]:  import tensorflow as tf
```

```
In[2]:  A = tf.Variable(5,dtype=tf.float32)
        tf.print(A)
```

```
5
```

파이썬 내장 함수

별도로 모듈을 불러오지 않아도 사용할 수 있는 기본 내장 함수이다. 많은 내장 함수가 있지만, 이 책에서 사용하는 내장 함수를 알아보자.

print()

결과 창에 변수를 출력한다.

```
In[1]:  a=5
        print(a)
```

```
5
```

range()

range(start, stop, step)형태로 사용한다. start부터 stop보다 작은 값까지 step 만큼씩 증가시킨 결과를 갖는다. 여기서 stop 은 포함되지 않는 것에 주의해야 한다. start을 생략하거나 start와 step을 함께 생략 가능하다. start을 생략하면 0으로, step을 생략하면 1로 설정된다.

```
In[1]:  a=range(0,5,1)
        b=range(0,5)
        c=range(5)
        print('a =',a,'\nb =',b,'\nc =',c)
```

```
a = range(0, 5)
b = range(0, 5)
c = range(0, 5)
```

위 결과와 같이 변수 a, b, c는 같은 결과를 갖는다. 설정한 step씩 증가하는 결과를 출력하고 싶다면 아래와 같이 반복문인 'for'을 이용서 확인할 수 있다.

```
In[1]:  a=range(0,5,1)
        for i in a:
            print(i, end =" ")
```

```
0 1 2 3 4
```

참고로, 'print'함수의 옵션 중 'end=""'는 출력하고자 하는 문장 끝을 어떻게 끝낼지 정하는 옵션이다. 'end'옵션을 사용하지 않는다면 기본설정 'end="
n"'이 적용되며 위 코드와 같이 'end=" "'을 적용하면 1칸 공백이 입력된다.

핵심 라이브러리 : numpy

파이썬 기반 데이터 분석 환경에서 'numpy'는 행렬 연산을 위한 핵심 라이브러리이다. 'numpy'는 'Numerical Python'의 약자로 대규모 다차원 배열과 행렬 연산에 필요한 다양한 함수를 제공한다. 그러면 'numpy'모듈을 불러와 간단한 함수를 사용해보자.

np.array()

'numpy'배열을 생성한다.

```
In[1]:  import numpy as np
```

```
In[2]:  A=np.array([1,2,3])
        print(A)
```

```
[1 2 3]
```

np.linspace()

linspace(start,end,n)를 사용하여 폐구간 $[start, end]$를 시작점과 끝점을 포함하여 n 개의 점으로 내분한 배열을 생성한다.

```
In[1]:  import numpy as np
```

```
In[2]:  A=np.linspace(1,5,5)
        print(A)
```

```
[1. 2. 3. 4. 5.]
```

np.reshape()

기본의 배열을 원하는 크기의 배열로 변경해준다. reshape(name,dimension) 또는 name.reshape(dimension)형식으로 사용한다. name에 원하는 배열을 입력하고 dimension에 원하는 차원을 입력하면 된다.

```
In[1]:  import numpy as np
```

```
In[2]:  a=np.linspace(1,6,6)
        b=a.reshape(2,3)
        c=np.reshape(a,(3,2))
        print('b =',b,'\nc =',c)
```

```
b = [[1. 2. 3.]
[ 4. 5. 6.]]
c = [[1. 2.]
[3. 4.]
[5. 6.]]
```

핵심 라이브러리 : matplotlib

'matplotlib'은 파이썬에서 자료를 차트(chart)나 플롯(plot)으로 시각화하는 패키지이다. 'matplotlib'은 정형화된 차트나 플롯 이외에도 다양한 시각화 기능을 제공한다. 그러면 'matplotlib'모듈을 불러와 sin함수와 cos함수를 그래프를 그려보자.

plt.show()

'plt.plot'으로 그린 그래프를 결과 창에 출력한다.

```
In[1]:  import numpy as np
        import matplotlib.pyplot as plt
```

```
In[2]:  X = np.linspace(-np.pi, np.pi, 256)
        A=np.cos(X)
        B=np.sin(X)
```

```
        plt.plot(X,A)
        plt.plot(X,B)
        plt.show()
```

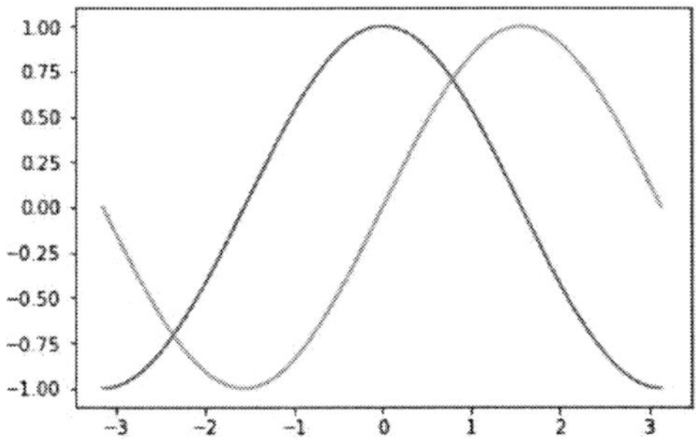

image.imread()

모듈 'matplotlib'에 있는 함수 'image.imread()'를 이용하여 이미지 파일을 데이터 형식으로 읽어온다. 읽어온 이미지 데이터의 출력을 위해 'plt.imshow()'를 이용한다.

```
In[1]:  import matplotlib.image as img
        import matplotlib.pyplot as plt
```

```
In[2]:  newdata = img.imread("test.png")
        plt.imshow(newdata)
        plt.show()
```

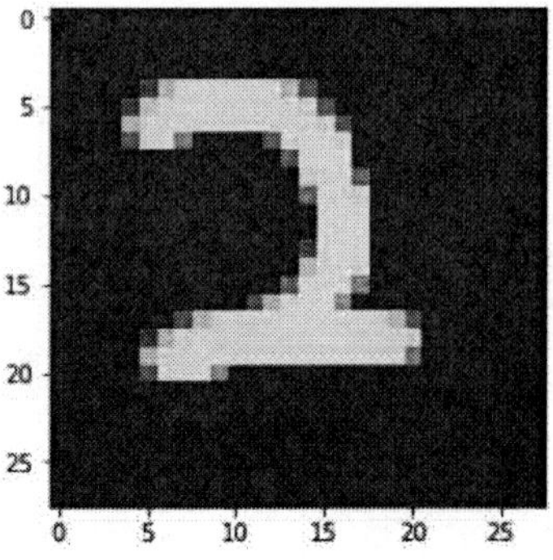

`test.png` 파일은 http://elie.korea.ac.kr/∼cfdkim/ML 에서 제공하는 파일 `MLcode_Tensorflow.zip`에 있다. 이 폴더의 압축을 푼 후 `test.png`파일을 위 예제 코드가 저장된 폴더로 옮겨 위 코드를 실행한다.

제 5 절 자료형

텐서플로에서 텐서(Tensor)란 쉽게 말해 다차원 배열이라고 생각하면 된다. 그리고 텐서는 *Rank*, *Shape*, *Type*의 3 가지 구성요소를 가진다.

(1). *Rank*는 텐서의 차원을 의미한다. 예를 들어 $Rank = 0$이면 스칼라, $Rank = 1$이면 벡터 그리고 $Rank = 2$이면 행렬을 의미한다. 표 5에 예제와 함께 나와 있다.

(2). *Shape*은 텐서의 크기를 의미한다. 표 5에 있는 예제로 살펴보면 두 번째 예제에서 *Shape* 는 [1,3]이 되고 세 번째 예제에서는 [3,3]이 된다.

(3). *Type*은 텐서를 구성하는 원솟값의 데이터 타입을 의미한다. 예를 들어 float32, int16, string 등의 데이터 타입들이 있다. 텐서플로에서 사용하는 자료형은 상수형(constant), 변수형(variable) 그리고 플레이스홀더(placeholder)가 있다.

Rank	종류	예
0	스칼라(Scalar)	s=1
1	벡터(Vector)	v=[1,2,3]
2	행렬(Matrix)	m=[[1,2,3],[4,5,6],[7,8,9]]
3	3-Tensor	t=[[[1,2],[3,4]],[[5,6],[7,8]]]
n	n-Tensor	....

표 1.1: Rank에 따른 텐서 분류

변수형(Variable)

Variable형은 텐서를 생성한 후에 원솟값을 변경할 수 있는 자료형이다. 변수형 텐서를 생성하는 방법은 'tf.Variable()'을 이용하여 생성한다.

tf.Variable(value,dtype=None)

변수형 텐서를 사용하기 위해서는 실행하기 전에 반드시 초기화 과정을 거쳐야 한다. 그 이유는 'tf.Variable()'함수로 생성되는 것은 텐서가 아니라 하나의 객체, 즉, Variable 클래스의 인스턴스가 생성되는 것이기 때문이다. 쉽게 말해, 텐서를 만들 공간만 확보해 놓은 상태이며 텐서의 원소에 값을 저장하지 않은 상태이다. 따라서 원소의 값을 저장하는 과정을 초기화 과정이라고 하며 저장된 값을 출력하기 위해 다음과 같이 명령어 'tf.print'를 사용하면 초기화된 값을 출력한다.

```
In[1]:  import tensorflow as tf
```

```
In[2]:  A=tf.Variable([1,2,3],tf.float32)
        tf.print(A)
```

```
[1 2 3]
```

제 6 절 여러 가지 내장 함수

앞으로 사용하게 될 텐서플로 내장 함수들을 제시된 코드들을 통해 알아보자.

tf.subtract()

텐서들의 원소별 뺄셈을 계산한다.

```
In[1]:  import tensorflow as tf
```

```
In[2]:  A=tf.Variable([5,5,5],dtype=tf.float32)
        B=tf.Variable([3,3,3],dtype=tf.float32)
        C=tf.subtract(A,B)
        tf.print('C =',C)
```

```
C = [2 2 2]
```

A.assign_sub(B)

$A = A - B$를 계산한다.

```
In[1]:  import tensorflow as tf
```

```
In[2]:  A = tf.Variable([1,2,3,4,5],dtype=tf.float32)
        B = tf.Variable([5,4,3,2,1],dtype=tf.float32)
        tf.print('A =',A)
        A.assign_sub(B)
        tf.print('A =',A)
```

```
A = [1 2 3 4 5]
A = [-4 -2 0 2 4]
```

tf.zeros()

모든 원솟값이 0인 행렬을 생성하는 함수이다.

```
In[1]:  import tensorflow as tf
```

```
In[2]:  A=tf.zeros([2,3])
        tf.print('A =',A)
```

```
A = [[0 0 0]
 [0 0 0]]
```

tf.size()

텐서의 원소 개수를 출력하는 함수이다.

```
In[1]:  import tensorflow as tf
```

```
In[2]:  a = tf.Variable([[1,2,3],[4,5,6]],dtype=tf.float32)
        n = tf.size(a)
        tf.print('n =',n)
```

```
n = 6
```

tf.argmax()

텐서의 행이나 열을 지정하여 원소의 각 행 혹은 열의 원소 중 가장 큰 원소의 인덱스를 반환하는 함수. 이때 0으로 지정하면 각 열에서 가장 큰 값의 인덱스를 1로 지정하면 각 행에서 가장 큰 값의 인덱스를 반환한다.

```
In[1]:  import tensorflow as tf
```

```
In[2]:  A=tf.Variable([[1,2,3],[4,5,6]],dtype=tf.float32)
        tf.print('A =',A)
```

```
A= [[1 2 3]
 [4 5 6]]
```

```
In[3]:  B=tf.argmax(A,0)
        tf.print('argmax(A,0) =',B)
```

```
argmax(A,0)= [1 1 1]
```

```
In[4]:  C=tf.argmax(A,1)
        tf.print('argmax(A,1) =',C)
```

```
argmax(A,1)= [2 2]
```

tf.round()

반올림 값을 출력한다.

```
In[1]:  import tensorflow as tf
```

```
In[2]:  A = tf.Variable(3.141592,dtype=tf.float32)
        tf.print('tf.round(A) =',tf.round(A))
```

```
tf.round(A) = 3
```

tf.reduce_sum()

배열(혹은 텐서)의 원소 전체의 합을 구한다.

```
In[1]:  import tensorflow as tf
```

```
In[2]:  A = [[1.,3.,],[2.,4.]]
        tf.print('tf.reduce_sum(A) =',tf.reduce_sum(A))
```

```
tf.reduce_sum(A) = 10
```

tf.square()

제곱을 계산한다.

```
In[1]:  import tensorflow as tf
```

```
In[2]:  A = tf.square(4)
        tf.print('4^2 =',A)
```

```
4^2 = 16
```

제 7 절 기본 구문

Python의 기본 구문으로는 'for'문, 'if'문, 'while'문, 그리고 'def'문이 있으며, 각 구문은 모두 들여쓰기로 구분하여 사용된다.

for문

'for 변수 in 리스트'는 기본 구조이며 리스트의 초깃값부터 최종값까지 차례로 변수에 대입되어 'for'문 아래 들여쓰기로 구분된 명령어들을 수행한다.

```
In[1]:  for x in range(0,11,2):
            print('x =',x)
```

```
x = 0
x = 2
x = 4
x = 6
x = 8
x = 10
```

위의 코드를 보면 변수 x는 0부터 2간격으로 10까지 변화하는 것을 알 수 있다. 즉, 'range(초깃값, 최종값, 증분)'을 사용하여 리스트 [0, 2, 4, 6, 8, 10]을 생성하여, 각 x가 차례대로 입력되고 이 값을 출력하게 된다.

if else문

여러 가지 조건에 따라 각각 다른 명령어들을 실행하고자 할 때, 'if ~ else ~'문을 사용한다. 아래 보기처럼 **조건 1** 이 참이면 **문장 1**이 수행되고, 그렇지 않다면 **문장 2**가 수행된다.

```
if 조건 1:
    문장 1
else:
    문장 2
```

```
In[1]:  a=3
        if a<1:
            b=a+1
            print('b =',b)
        else:
            c=a+2
            print('c =',c)
```

```
c = 5
```

위 코드는 a의 초깃값을 3으로 할당한다. 'if ~ else ~'문을 통해 a값이 1보다 작은 경우 b에 a+1을 할당 후 출력하고, 그렇지 않으면 c에 a+2를 할당 후 출력하는 코드이다. 따라서 a가 1보다 크므로 c에 5 값이 할당되어 출력된다.

while문

```
In[1]:  a=1
        while a<4:
            a=a+1
            print('a =',a)
```

```
a = 2
a = 3
a = 4
```

위 코드를 보면, 초기 a는 1로 할당되고, 'while' 문의 조건을 통해 a가 4보다 작을 때, a에 a+1을 할당하고 출력하게 되는 코드이다. 즉, a가 1부터 1씩 증가하다 4가 되면 'while'문을 끝낸다.

def

def는 간단한 함수를 만들 때 사용하는 명령어이다.

```
In[1]: def Function(x):
           return 6*x-2
```

```
In[2]:  f=Function(3)
        print('f(3) =',f)
```

```
f(3) = 16
```

장 2

머신러닝 (Machine Learning)

머신러닝(machine learning) 또는 기계학습은 인공지능의 한 분야로, 컴퓨터가 학습할 수 있도록 하는 알고리즘을 개발하는 분야를 말한다. 머신러닝의 구체적인 예제로 손글씨 숫자(0 ∼ 9) 인식에 대해서 알아보겠다.

다음은 주요참고문헌 리스트이다.

[1] 기초부터 활용까지 패턴인식과 기계학습, 박혜영, 이관용, 이한출판사, 2011.

[2] 패턴인식, 오일석, 교보문고, 2008.

[3] 밑바닥부터 시작하는 딥러닝, 사이토 고키 저, 개앞맵시 역, 한빛미디어, 2017.

[4] 딥러닝 제대로 시작하기, 오카타니 타카유키 저, 심효섭 역, 제이펍, 2016.

[5] 신경망 첫걸음, 타리크 라시드 저, 송교석 역, 한빛미디어, 2017.

제 1 절 경사 하강법 (Gradient descent method)

매개변수 $\mathbf{w}$에 의해 정의된 비용함수 $E(\mathbf{w})$가 있을 때, 이 비용함수의 값을 최소로 하는 $\mathbf{w}$의 값을 찾는 문제를 고려해보자. 이를 수식으로 나타내면 다음과 같다.

$$\mathbf{w}^* = \underset{\mathbf{w}}{\operatorname{argmin}}\, E(\mathbf{w}) \tag{2.1}$$

이 문제를 풀기 위해 우리는 경사 하강법(Gradient descent method)을 사용할 것이다. 일반적으로 매개변수 $\mathbf{w}$ 가 N 개로 이루어진 시간의 벡터함수라 하자. 즉, $\mathbf{w}(t) = (w_1(t), w_2(t), \cdots, w_N(t))$. 다음과 같은 그래디언트 플로우(Gradient flow) 를 고려해보자.

$$\frac{d\mathbf{w}}{dt} = -\nabla E(\mathbf{w}) = -\left(\frac{\partial E(\mathbf{w})}{\partial w_1}, \frac{\partial E(\mathbf{w})}{\partial w_2}, \cdots, \frac{\partial E(\mathbf{w})}{\partial w_N}\right). \tag{2.2}$$

그래디언트 플로우는 $\mathbf{w}$의 값이 주어진 비용함수의 그래디언트 방향(비용함수가 증가하는 방향)의 반대 방향으로 시간에 따라 변한다는 것이다. 위 식 (2.2)를 성분별로 나타내면 다음과 같다.

$$\frac{dw_i}{dt} = -\frac{\partial E(\mathbf{w})}{\partial w_i},\ i = 1, 2, \cdots, N. \tag{2.3}$$

$\mathbf{w}^{(n)} = (w_1^{(n)}, w_2^{(n)}, \cdots, w_N^{(n)})$을 $t = (n-1)\Delta t$일 때의 값이라고 하고 식 (2.3)을 명시적 오일러 방법(Explicit Euler method)에 따라 이산화하면

$$\frac{w_i^{(n+1)} - w_i^{(n)}}{\Delta t} = -\frac{\partial E(\mathbf{w}^{(n)})}{\partial w_i},\ i = 1, 2, \cdots, N,\ n = 1, 2, \cdots. \tag{2.4}$$

여기서 Δt는 시간 간격이고 $w_i^{(n+1)}$은 n번째 반복했을 때의 매개변수의 값이다. 특히, $w_i^{(1)}$은 초기 추측 값이다. 식 (2.4)의 양변에 Δt를 곱하고 다시 정리하면,

$$w_i^{(n+1)} = w_i^{(n)} - \Delta t \frac{\partial E(\mathbf{w}^{(n)})}{\partial w_i}, \; i = 1, 2, \cdots, N, \; n = 1, 2, \cdots. \tag{2.5}$$

따라서, $\eta = \Delta t$라 하면 경사 하강법을 얻는다.

$$w_i^{(n+1)} = w_i^{(n)} - \eta \frac{\partial E(\mathbf{w}^{(n)})}{\partial w_i}, \; i = 1, 2, \cdots, N, \; n = 1, 2, \cdots. \tag{2.6}$$

여기서 η는 학습률이라고 하며, 기울기의 반대 방향으로 얼마나 이동할지를 결정하는 역할을 한다. 이제 다음 예제를 통해, 학습률의 크기($\eta = 0.4$)에 따라 어떤 현상이 일어나는지 알아보자.

예제1: 다음 주어진 비용함수 $E(w)$를 최소로 만드는 w를 구하는 문제에 대해서 학습률(η)을 크게 설정하여 경사 하강법 알고리즘을 작성해보자.

$$E(w) = 3(w-2)^2 + 5,$$
$$\eta = 0.4, \; w^{(1)} = 5.$$

초기 비용함수를 구해보면, $E(w^{(1)}) = 32$이다.

Step 1. 식 (2.6)을 적용하기 위해 $\dfrac{dE}{dw}$을 구하면 다음과 같다.

$$\frac{dE}{dw} = 6(w-2)$$

Step 2. 식 (2.6)을 10번 반복 적용하여 보자.

$$w^{(2)} = w^{(1)} - \eta \frac{dE}{dw}\left(w^{(1)}\right) = 5 - 0.4 \times 6 \times (5-2) = -2.2$$

비용함수를 구해보면, $E(w^{(2)}) = 57.92$

$$w^{(3)} = w^{(2)} - \eta \frac{dE}{dw}\left(w^{(2)}\right) = -2.2 - 0.4 \times 6 \times (-2.2-2) = 7.88$$

비용함수를 구해보면, $E(w^{(3)}) = 108.7232$

$$\vdots$$

$$\begin{aligned} w^{(11)} = w^{(10)} - \eta \frac{dE}{dw}\left(w^{(10)}\right) &= -59.9831 - 0.4 \times 6 \times (-59.9831-2) \\ &= 88.7764 \end{aligned}$$

비용함수를 구해보면, $E(w^{(11)}) = 22595.428965$

경사 하강법에는 매개변수 $\mathbf{w}$에 대한 비용함수 $E(\mathbf{w})$의 그래디언트 $\frac{dE}{dw}$를 계산해야 한다. 따라서 텐서플로에는 텐서와 텐서 사이의 자동미분 함수를 지원한다. 다음은 자동 미분 함수('tf.GradientTape.gradient()')를 사용하여 함수 $y = 3x^2$ 를 변수 $x = 5$와 $x = 7$일 때 $\dfrac{dy}{dx}$을 계산하는 코드이다.

tf.GradientTape.gradient()

```
In[1]:  import tensorflow as tf
```

```
In[2]:  x = tf.Variable([5.0,7.0])
        with tf.GradientTape() as t:
```

```
        y = 3*x**2
        d = t.gradient(y, x)
        tf.print('dy/dx =',d)
```

```
dy/dx = [30 42]
```

경사하강법을 이용하여 학습률이 큰 경우($\eta = 0.4$)의 예제1 문제를 푸는 코드를 작성해보자.

```
In[1]:  import tensorflow as tf
        def E(w):
            return 3*(w-2)**2+5
```

```
In[2]:  eta = 0.4
        train_n = 10
        w = tf.Variable(5.0,dtype=tf.float32)
        print('w(%d)=%2.6f E(w(%d))=%5.6f'%(0,w,0,E(w)))
        for e in range(train_n):
            with tf.GradientTape() as tape:
                loss = E(w)
                dE= tape.gradient(loss,w)
            w.assign_sub(eta * dE)
            print('w(%d)=%2.6f E(w(%d))=%5.6f'%(e+1,w,e+1,E(w)))
```

다음 결과를 보면 함숫값 $E(w^{(n)})$이 점점 커지는 것을 알 수 있다.

```
w(0)=5.000000 E(w(0))=32.000000
w(1)=-2.200000 E(w(1))=57.920010
w(2)=7.880001 E(w(2))=108.723221
w(3)=-6.232001 E(w(3))=208.297485
w(4)=13.524801 E(w(4))=403.463135
w(5)=-14.134720 E(w(5))=785.987549
w(6)=24.588608 E(w(6))=1535.735596
w(7)=-29.624050 E(w(7))=3005.241699
w(8)=46.273670 E(w(8))=5885.473633
w(9)=-59.983143 E(w(9))=11530.729492
w(10)=88.776413 E(w(10))=22595.437500
```

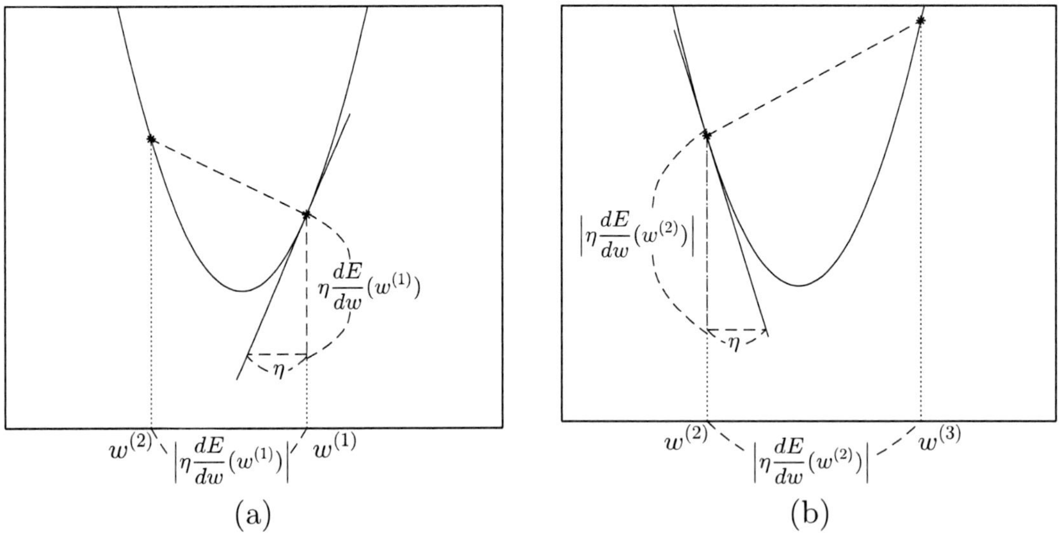

그림 2.1: 학습률($\eta = 0.4$)이 큰 경우.

[그림 2.1](a)는 학습률이 큰 경우 주어진 $w^{(1)}$에서의 비용함수의 기울기를 빗변

으로 하고 밑변의 길이가 학습률 η인 직각삼각형을 생각해보자. 이때, 삼각형의 높이는 $\eta\frac{dE}{dw}\left(w^{(1)}\right)$이 된다. 따라서 $w^{(2)}$의 값은 현재값 $w^{(1)}$에서 $\eta\frac{dE}{dw}\left(w^{(1)}\right)$를 뺀 값이 된다. 이는 비용함수를 최소화하는 값으로부터 더 멀어지게 되고 이를 반복하면 [그림 2.1](b)처럼 점점 더 멀어진다. 따라서 $w^{(n)}$은 극값으로 수렴하지 않고 발산함을 알 수 있다. 그렇다면 반대로 학습률($\eta = 0.01$)이 너무 작으면 어떤 현상이 발생하는지 다음 예제를 통해 알아보자.

예제2: 다음 비용함수 $E(w)$가 최솟값을 갖게 하는 w 를 구하는데 학습률(η)을 작게 설정하여 알고리즘을 작성해보자.

$$E(w) = 3(w-2)^2 + 5,$$
$$\eta = 0.01,\ w^{(1)} = 5.$$

초기 비용함수를 구해보면, $E(w^{(1)}) = 32$이다.

Step 1. 식 (2.6)을 적용하기 위해 $\frac{dE}{dw}$을 구하면 다음과 같다.

$$\frac{dE}{dw} = 6(w-2)$$

Step 2. 식 (2.6)을 10번 반복 적용하여 보자.

$$w^{(2)} = w^{(1)} - \eta\frac{dE}{dw}\left(w^{(1)}\right) = 5 - 0.01 \times 6 \times (5-2) = 4.82$$

비용함수를 구해보면, $E(w^{(2)}) = 28.8572$

$$w^{(3)} = w^{(2)} - \eta\frac{dE}{dw}\left(w^{(2)}\right) = 4.82 - 0.01 \times 6 \times (4.82-2) = 4.6508$$

비용함수를 구해보면, $E(w^{(3)}) = 26.080222$

$$\vdots$$

$$w^{(11)} = w^{(10)} - \eta\frac{dE}{dw}\left(w^{(10)}\right) = 3.718984 - 0.01 \times 6 \times (3.718984 - 2)$$
$$= 3.615845$$

비용함수를 구해보면, $E(w^{(11)}) = 12.832869$

학습률이 작을 경우($\eta = 0.01$)를 다음 코드를 작성해서 알아보자. 참고로 코드에서 'epoch'를 사용하였는데 'epoch'란 전체 sample 데이터를 이용하여 한 바퀴 돌며 학습하는 것을 1회 'epoch'이라 부른다.

```
In[1]:  import tensorflow as tf
        def E(w):
            return 3*(w-2)**2+5
```

```
In[2]:  eta = 0.01
        train_n = 10
        w = tf.Variable(5.0,dtype=tf.float32)
        print('w(%d)=%2.6f E(w(%d))=%5.6f'%(0,w,0,E(w)))
        for e in range(train_n):
            with tf.GradientTape() as tape:
                loss = E(w)
                dE= tape.gradient(loss,w)
            w.assign_sub(eta * dE)
            print('w(%d)=%2.6f E(w(%d))=%5.6f'%(e+1,w,e+1,E(w)))
```

다음 결과를 보면 함숫값 $E(w^{(n)})$이 아주 천천히 수렴하는 것을 알 수 있다.

```
w(0)=5.000000 E(w(0))=32.000000
w(1)=4.820000 E(w(1))=28.857204
w(2)=4.650800 E(w(2))=26.080227
w(3)=4.491752 E(w(3))=23.626488
w(4)=4.342247 E(w(4))=21.458363
w(5)=4.201712 E(w(5))=19.542608
w(6)=4.069610  E(w(6))=17.849854
w(7)=3.945433  E(w(7))=16.354130
w(8)=3.828707  E(w(8))=15.032511
w(9)=3.718985 E(w(9))=13.864727
w(10)=3.615846 E(w(10))=12.832871
```

[그림 2.2]을 보면 극값으로 수렴하는 속도가 느리다는 것을 알 수 있다.

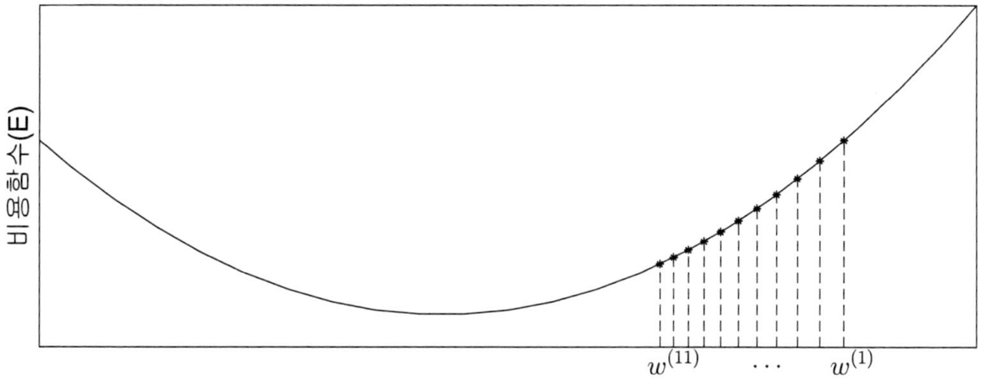

그림 2.2: 학습률($\eta = 0.01$)이 작은 경우.

정리해보면, ⟨예제 1⟩에서 학습률이 너무 크면 학습이 불안정해짐을 알 수 있었고, 반대로 ⟨ 예제 2⟩에선 학습률이 너무 작으면 수렴 속도가 느려서 계산량이 많아 학습 속도가 느려짐을 알 수 있었다. 따라서 학습률을 적절하게 설정해야 학습의 안정성과 학습 속도를 높일 수 있음을 확인할 수 있다. 다음 예제는 학습률을 적절한 값으로 설정해 다룬 경우이다.

예제3: 다음 주어진 비용함수 $E\left(w\right)$와 w를 이용하여 비용함수의 최솟값을 구하는 알고리즘을 작성해보자.

$$E\left(w\right) = 3\left(w-2\right)^2 + 5,$$
$$\eta = 0.1,\ w^{(0)} = 5.$$

초기 비용함수를 구해보면, $E(w^{(1)}) = 32$이다.

Step 1. 식 (2.6)을 적용하기 위해 $\dfrac{dE}{dw}$ 을 구하면 다음과 같다.

$$\frac{dE}{dw} = 6\left(w-2\right)$$

Step 2. 식 (2.6)을 반복하여 적용하여 보자.

$$w^{(2)} = w^{(1)} - \eta\frac{dE}{dw}\left(w^{(1)}\right) = 5 - 0.1 \times 6 \times (5-2) = 3.2$$

비용함수를 구해보면, $E(w^{(2)}) = 9.32$

$$w^{(3)} = w^{(2)} - \eta\frac{dE}{dw}\left(w^{(2)}\right) = 3.2 - 0.1 \times 6 \times (3.2-2) = 2.48$$

비용함수를 구해보면, $E(w^{(3)}) = 5.6912$

$$\vdots$$

$$w^{(11)} = w^{(10)} - \eta\frac{dE}{dw}\left(w^{(10)}\right) = 2.000786 - 0.1 \times 6 \times (2.000786 - 2)$$
$$= 2.000315$$

비용함수를 구해보면, $E(w^{(11)}) = 5.0$

학습률이 적절할 경우의 예를 코드로 작성해서 알아보자.

```
In[1]:  import tensorflow as tf
        def E(w):
            return 3*(w-2)**2+5
```

```
In[2]:  eta = 0.1
        train_n = 10
        w = tf.Variable(5.0,dtype=tf.float32)
        print('w(%d)=%2.6f E(w(%d))=%5.6f'%(0,w,0,E(w)))
        for e in range(train_n):
            with tf.GradientTape() as tape:
                loss = E(w)
                dE= tape.gradient(loss,w)
            w.assign_sub(eta * dE)
            print('w(%d)=%2.6f E(w(%d))=%5.6f'%(e+1,w,e+1,E(w)))
```

다음 결과와 [그림 2.3]을 보면 ⟨예제 2⟩보다 $w^{(n)}$이 빠르고 정확하게 수렴하고 있음을 알 수 있다.

```
w(0)=5.000000 E(w(0))=32.000000
w(1)=3.200000 E(w(1))=9.319999
w(2)=2.480000 E(w(2))=5.691200
w(3)=2.192000 E(w(3))=5.110592
w(4)=2.076800 E(w(4))=5.017694
w(5)=2.030720 E(w(5))=5.002831
w(6)=2.012288 E(w(6))=5.000453
w(7)=2.004915 E(w(7))=5.000072
w(8)=2.001966 E(w(8))=5.000011
w(9)=2.000786 E(w(9))=5.000002
w(10)=2.000314 E(w(10))=5.000000
```

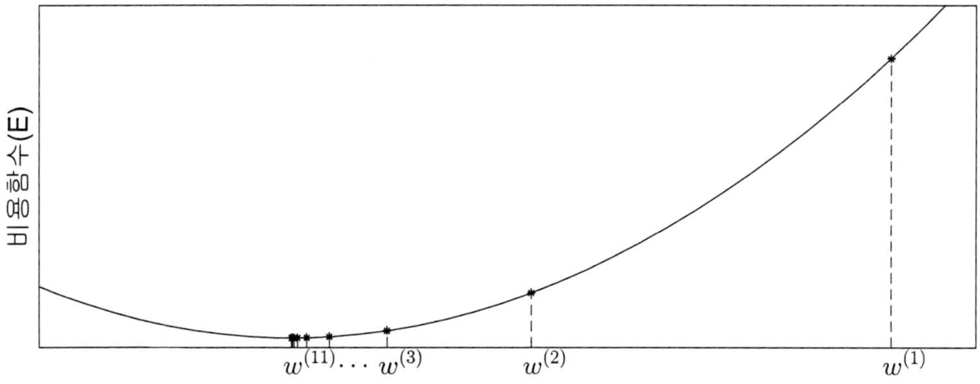

그림 2.3: 학습률($\eta = 0.1$)이 적절한 경우.

앞 예제들을 통해, 1변수 비용함수의 최솟값을 만족하는 변수를 구하는 문제를 경사 하강법을 적용하여 알아보았다. 이를 다변수 비용함수로 확장해보자.

예제4: 주어진 비용함수 $E(w_1, w_2)$의 최솟값을 만족하는 변수 w_1, w_2를 경사 하강법을 이용하여 구하는 알고리즘을 작성해보자.

$$E(w_1, w_2) = 3(w_1 - 2)^2 + 2(w_2 - 3)^2 + 3,$$
$$\eta = 0.1,\ (w_1^{(1)}, w_2^{(1)}) = (8, 10).$$

식 (2.6)에 적용하기 위해 $\dfrac{\partial E}{\partial w_1}$와 $\dfrac{\partial E}{\partial w_2}$을 구하면 다음과 같다.

$$\frac{\partial E}{\partial w_1} = 6(w_1 - 2),\ \frac{\partial E}{\partial w_2} = 2(w_2 - 3).$$

주어진 비용함수는 $w_1 = 2, w_2 = 3$에서 최솟값을 갖는다.

$$\begin{aligned}
(w_1^{(2)}, w_2^{(2)}) &= (w_1^{(1)}, w_2^{(1)}) - \eta\left(\frac{\partial E}{\partial w_1}\left(w_1^{(1)}, w_2^{(1)}\right), \frac{\partial E}{\partial w_2}\left(w_1^{(1)}, w_2^{(1)}\right)\right)\\
&= (4.4, 7.2),\\
(w_1^{(3)}, w_2^{(3)}) &= (w_1^{(2)}, w_2^{(2)}) - \eta\left(\frac{\partial E}{\partial w_1}\left(w_1^{(1)}, w_2^{(1)}\right), \frac{\partial E}{\partial w_2}\left(w_1^{(2)}, w_2^{(2)}\right)\right)\\
&= (2.96, 5.52),\\
&\vdots\\
(w_1^{(11)}, w_2^{(11)}) &= (w_1^{(10)}, w_2^{(10)}) - \eta\left(\frac{\partial E}{\partial w_1}\left(w_1^{(10)}, w_2^{(10)}\right), \frac{\partial E}{\partial w_2}\left(w_1^{(10)}, w_2^{(10)}\right)\right)\\
&= (2.000629, 3.042326).
\end{aligned}$$

2변수로 비용함수를 정의하여 코드로 작성해보자.

```
In[1]:  import tensorflow as tf
        def E(w1,w2):
            return 3*(w1-2)**2+2*(w2-3)**2+3
```

```
In[2]:  eta = 0.1
        train_n=10
        w1 = tf.Variable(8.0,dtype=tf.float32)
        w2 = tf.Variable(10.0,dtype=tf.float32)
        print('(w1(%d),w2(%d))=(%1.6f,%1.6f)'%(0,0,w1,w2),
              'E(w1(%d),w2(%d))=%3.6f'%(0,0,E(w1,w2)))
        for e in range(train_n):
            with tf.GradientTape() as tape:
                loss = E(w1,w2)
                dEw1,dEw2= tape.gradient(loss,[w1,w2])
            w1.assign_sub(eta * dEw1)
            w2.assign_sub(eta * dEw2)
            print('(w1(%d),w2(%d))=(%1.6f,%1.6f)'%(e+1,e+1,w1,w2),
                            'E(w1(%d),w2(%d))=%3.6f'%(e+1,e+1,E(w1,w2)))
```

```
(w1(0),w2(0))=(8.000000,10.000000) E(w1(0),w2(0))= 209.000000
(w1(1),w2(1))=(4.400000,7.200000) E(w1(1),w2(1))= 55.559990
(w1(2),w2(2))=(2.960000,5.520000) E(w1(2),w2(2))= 18.465599
(w1(3),w2(3))=(2.384000,4.512000) E(w1(3),w2(3))= 8.014656
(w1(4),w2(4))=(2.153600,3.907200) E(w1(4),w2(4))= 4.716803
(w1(5),w2(5))=(2.061440,3.544320) E(w1(5),w2(5))= 3.603893
```

```
(w1(6),w2(6))=(2.024576,3.326592) E(w1(6),w2(6))= 3.215137
(w1(7),w2(7))=(2.009830,3.195955) E(w1(7),w2(7))= 3.077087
(w1(8),w2(8))=(2.003932,3.117573) E(w1(8),w2(8))= 3.027693
(w1(9),w2(9))=(2.001573,3.070544) E(w1(9),w2(9))= 3.009960
(w1(10),w2(10))=(2.000629,3.042326) E(w1(10),w2(10))= 3.003584
```

결과 값은 $w_1 = 2, w_2 = 3$이고, 이때의 비용함수는 3으로 수렴하는 것을 확인할 수 있다. [그림 2.4 (a)]는 비용함수를 [그림 2.4 (b)]는 비용함수의 contour 그래프와 비용함수를 최소로 하는 근삿값 $\mathbf{w}^{(n)} = (w_1^{(n)}, w_2^{(n)}), n = 1, 2, \cdots, 11$을 마크(*)로 표시하였다.

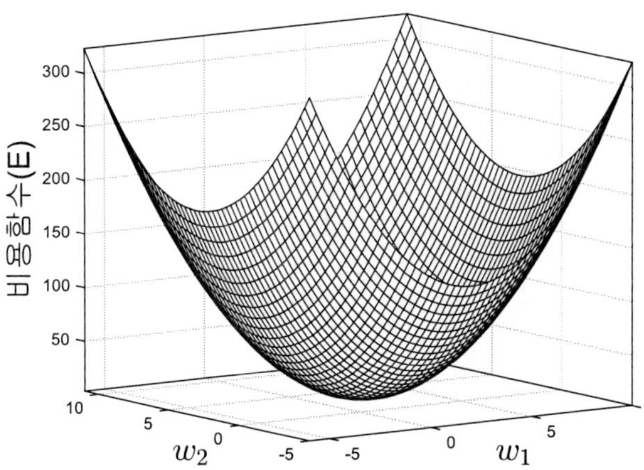

(a)

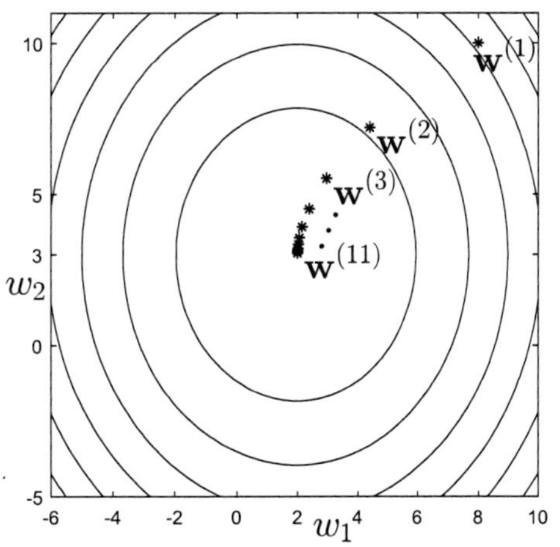

(b)

그림 2.4: (a) 비용함수, (b) 비용함수의 contour 그래프와 비용함수를 최소로 하는 근삿값 $\mathbf{w}^{(n)} = (w_1^{(n)}, w_2^{(n)}), n = 1, 2, \cdots, 11$ 을 마크(*)로 표시하였다.

예제5: $\mathbf{w} = (w_1, w_2, w_3)$에 대해서 주어진 비용함수를 이용하여 최솟값을 구하는 알고리즘을 작성해보자.

$$E(\mathbf{w}) = E(w_1, w_2, w_3) = 3(w_1 - 2)^2 + 2(w_2 - 3)^2 + 4(w_3 - 1)^2 + 3,$$

$$\eta = 0.1,\ \mathbf{w}^{(1)} = (w_1^{(1)}, w_2^{(1)}, w_3^{(1)}) = (8, 10, 5).$$

식 (2.6)에 적용하기 위해 $\frac{\partial E}{\partial w_1}$, $\frac{\partial E}{\partial w_2}$와 $\frac{\partial E}{\partial w_3}$을 구하면 다음과 같다.

$$\frac{\partial E}{\partial w_1} = 6(w_1 - 2),\ \frac{\partial E}{\partial w_2} = 2(w_2 - 3),\ \frac{\partial E}{\partial w_3} = 8(w_3 - 1).$$

주어진 비용함수는 $w_1 = 2,\ w_2 = 3,\ w_3 = 1$에서 최솟값을 갖는다.

$$\mathbf{w}^{(2)} = \mathbf{w}^{(1)} - \eta\left(\frac{\partial E}{\partial w_1}\left(\mathbf{w}^{(1)}\right), \frac{\partial E}{\partial w_2}\left(\mathbf{w}^{(1)}\right), \frac{\partial E}{\partial w_3}\left(\mathbf{w}^{(1)}\right)\right) = (4.4, 7.2, 1.8),$$

$$\mathbf{w}^{(3)} = \mathbf{w}^{(2)} - \eta\left(\frac{\partial E}{\partial w_1}\left(\mathbf{w}^{(2)}\right), \frac{\partial E}{\partial w_2}\left(\mathbf{w}^{(2)}\right), \frac{\partial E}{\partial w_3}\left(\mathbf{w}^{(2)}\right)\right) = (2.96, 5.52, 1.16),$$

$$\vdots$$

$$\mathbf{w}^{(11)} = \mathbf{w}^{(10)} - \eta\left(\frac{\partial E}{\partial w_1}\left(\mathbf{w}^{(10)}\right), \frac{\partial E}{\partial w_2}\left(\mathbf{w}^{(10)}\right), \frac{\partial E}{\partial z}\left(\mathbf{w}^{(10)}\right)\right)$$

$$= (2.000629, 3.042326, 1.000000).$$

3변수로 비용함수를 정의하여 코드로 작성해보자.

```
In[1]:  import tensorflow as tf
        def E(w1,w2,w3):
            return 3*(w1-2)**2+2*(w2-3)**2+4*(w3-1)**2+3
```

```
In[2]:  eta = 0.1
        train_n=10
        w1 = tf.Variable(8.0,dtype=tf.float32)
        w2 = tf.Variable(10.0,dtype=tf.float32)
        w3 = tf.Variable(10.0,dtype=tf.float32)
        print('(w1(%d),w2(%d),w3(%d))=(%1.6f,%1.6f,%1.6f)'
                %(0,0,0,w1,w2,w3,),'E(w1(%d),w2(%d),w3(%d))=%3.6f'
                %(0,0,0,E(w1,w2,w3)))
        for e in range(train_n):
            with tf.GradientTape() as tape:
                loss = E(w1,w2,w3)
                dEw1,dEw2,dEw3= tape.gradient(loss,[w1,w2,w3])
            w1.assign_sub(eta * dEw1)
            w2.assign_sub(eta * dEw2)
            w3.assign_sub(eta * dEw3)
            print('(w1(%d),w2(%d),w3(%d))=(%1.6f,%1.6f,%1.6f)'
                        %(e+1,e+1,e+1,w1,w2,w3),
                        'E(w1(%d),w2(%d),w3(%d))=%3.6f'
                        %(e+1,e+1,e+1,E(w1,w2,w3)))
```

```
(w1(0),w2(0),w3(0))=(8.000000,10.000000,10.000000)
E(w1(0),w2(0),w3(0))=533.000000
(w1(1),w2(1),w3(1))=(4.400000,7.200000,2.800000)
E(w1(1),w2(1),w3(1))=68.519989
```

```
(w1(2),w2(2),w3(2))=(2.960000,5.520000,1.360000)
E(w1(2),w2(2),w3(2))=18.983999
(w1(3),w2(3),w3(3))=(2.384000,4.512000,1.072000)
E(w1(3),w2(3),w3(3))=8.035393
(w1(4),w2(4),w3(4))=(2.153600,3.907200,1.014400)
E(w1(4),w2(4),w3(4))=4.717632
(w1(5),w2(5),w3(5))=(2.061440,3.544320,1.002880)
E(w1(5),w2(5),w3(5))=3.603927
(w1(6),w2(6),w3(6))=(2.024576,3.326592,1.000576)
E(w1(6),w2(6),w3(6))=3.215138
(w1(7),w2(7),w3(7))=(2.009830,3.195955,1.000115)
E(w1(7),w2(7),w3(7))=3.077087
(w1(8),w2(8),w3(8))=(2.003932,3.117573,1.000023)
E(w1(8),w2(8),w3(8))=3.027693
(w1(9),w2(9),w3(9))=(2.001573,3.070544,1.000005)
E(w1(9),w2(9),w3(9))=3.009960
(w1(10),w2(10),w3(10))=(2.000629,3.042326,1.000001)
E(w1(10),w2(10),w3(10))=3.003584
```

근삿값이 $w_1 = 2,\ w_2 = 3,\ w_3 = 1$로 근사되는 것을 확인할 수 있다.

예제6: $\mathbf{w} = (w_1, w_2, \cdots, w_N)$에 대해서 주어진 비용함수를 이용하여 최솟값을 구하는 알고리즘을 작성해보자.

$$E(\mathbf{w}) = \frac{1}{2}\sum_{i=1}^{N}(w_i - i/N)^2,$$
$$\eta = 0.1,\ \mathbf{w}^{(1)} = (w_1^{(1)}, w_2^{(1)}, \cdots, w_N^{(1)}) = (0.5, 0.5, \cdots, 0.5).$$

식 (2.6)를 적용하기 위해 $\frac{\partial E}{\partial w_i}$을 구하면 다음과 같다.

$$\frac{\partial E}{\partial w_i} = w_i - i/N,\ i = 1, 2, \cdots, N.$$

주어진 비용함수는 $w_i = i/N$에서 최솟값을 갖는다.

$$\begin{aligned}
\mathbf{w}^{(2)} &= \mathbf{w}^{(1)} - \eta\left(\frac{\partial E}{\partial w_1}\left(\mathbf{w}^{(1)}\right), \frac{\partial E}{\partial w_2}\left(\mathbf{w}^{(1)}\right), \cdots, \frac{\partial E}{\partial w_N}\left(\mathbf{w}^{(1)}\right)\right),\\
\mathbf{w}^{(3)} &= \mathbf{w}^{(2)} - \eta\left(\frac{\partial E}{\partial w_1}\left(\mathbf{w}^{(2)}\right), \frac{\partial E}{\partial w_2}\left(\mathbf{w}^{(2)}\right), \cdots, \frac{\partial E}{\partial w_N}\left(\mathbf{w}^{(2)}\right)\right),\\
&\vdots\\
\mathbf{w}^{(11)} &= \mathbf{w}^{(10)} - \eta\left(\frac{\partial E}{\partial w_1}\left(\mathbf{w}^{(10)}\right), \frac{\partial E}{\partial x_2}\left(\mathbf{w}^{(10)}\right), \cdots, \frac{\partial E}{\partial w_N}\left(\mathbf{w}^{(10)}\right)\right).
\end{aligned}$$

일반적으로 N 개의 변수로 비용함수를 정의하여 코드로 작성해보자.

```
In[1]:  import tensorflow as tf

        def E(w):

            N=w.shape[0]

            cost=0.5*tf.reduce_sum(tf.square(

                tf.subtract(w,tf.linspace(1/N,1,N))))

            return cost
```

```
In[2]:  eta = 0.7
        train_n = 10
        N = 10
        W = tf.Variable(tf.zeros(N)+0.5,dtype=tf.float32)
        tf.print('W(0)=',W[:],'E(W(0))= %f'%(E(W)))
        for e in range(train_n):
            with tf.GradientTape() as tape:
                loss = E(W)
                dEW= tape.gradient(loss,W)
            W.assign_sub(eta * dEW)
            tf.print('W(%d)='%(e+1),tf.round(W[:]*1.0e2)/1.0e2,
                'E(W(%d))='%(e+1),'%f'%(E(W)))
```

```
W(0)= [0.50,0.50,0.50,0.50,0.50,0.50,0.50,0.50,0.50,0.50]
E(W(0))= 0.425000
W(1)= [0.22,0.29,0.36,0.43,0.50,0.57,0.64,0.71,0.78,0.85]
E(W(1))= 0.038250
W(2)= [0.14,0.23,0.32,0.41,0.50,0.59,0.68,0.77,0.86,0.95]
E(W(2))= 0.003443
W(3)= [0.11,0.21,0.31,0.40,0.50,0.60,0.69,0.79,0.89,0.99]
E(W(3))= 0.000310
W(4)= [0.10,0.20,0.30,0.40,0.50,0.60,0.70,0.80,0.90,1.00]
E(W(4))= 0.000028
W(5)= [0.10,0.20,0.30,0.40,0.50,0.60,0.70,0.80,0.90,1.00]
```

```
E(W(5))= 0.000003
W(6)= [0.10,0.20,0.30,0.40,0.50,0.60,0.70,0.80,0.90,1.00]
E(W(6))= 0.000000
W(7)= [0.10,0.20,0.30,0.40,0.50,0.60,0.70,0.80,0.90,1.00]
E(W(7))= 0.000000
W(8)= [0.10,0.20,0.30,0.40,0.50,0.60,0.70,0.80,0.90,1.00]
E(W(8))= 0.000000
W(9)= [0.10,0.20,0.30,0.40,0.50,0.60,0.70,0.80,0.90,1.00]
E(W(9))= 0.000000
W(10)= [0.10,0.20,0.30,0.40,0.50,0.60,0.70,0.80,0.90,1.00]
E(W(10))= 0.000000
```

근삿값이 $w_i = i/10$로 근사되는 것을 확인할 수 있다. 여기서, 소수점 아래 둘째 자리까지 출력하기 위해 'tf.round(W[:]*1.0e2)/1.0e2'명령어를 적용하였다.

제 2 절 간단한 분류기

단순한 예제를 통해 간단한 분류기를 구축하는 과정에 대해 알아보자.

예제 7: 좌표 평면 위에 다음과 같이 다섯 개의 점을 분류하여 보자.

$X = \{x_1, \cdots, x_5\},\quad T = \{t_1, \cdots, t_5\}$

$$x_1 = -2,\quad t_1 = 0$$
$$x_2 = -1,\quad t_2 = 0$$
$$x_3 = 0,\quad t_3 = 1$$
$$x_4 = 1,\quad t_4 = 1$$
$$x_5 = 2,\quad t_5 = 1$$

여기서 X는 분류하고자 하는 데이터이고, T는 각 데이터에 해당하는 목푯값이다.

분류기를 구축한다는 것은 궁극적으로는 다음과 같은 함수를 만드는 것이다.

$$y = f(x) = \phi(u) = \phi(w_0 + wx)$$

여기서 w를 가중값(Weight), w_0를 편향(Bias), u는 가중합, 그리고 ϕ는 활성화 함수라 한다. 본 절에서는 시그모이드(Sigmoid) 함수를 사용하겠다. 시그모이드 함수와 시그모이드의 도함수는 다음과 같다([그림 2.5] 참조).

$$\phi(u) = \frac{1}{1+e^{-u}}, \tag{2.7}$$

$$\phi'(u) = \frac{e^{-u}}{(1+e^{-u})^2}. \tag{2.8}$$

편의상 $W = [w_0\ w]$를 가중값이라 하자. 일반적으로 처음부터 최적의 가중값

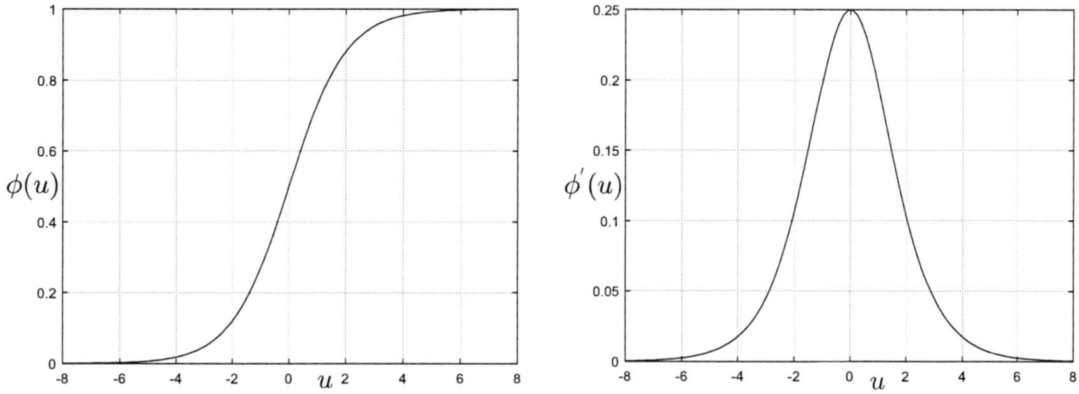

(a) (b)

그림 2.5: (a) 시그모이드 함수, (b) 시그모이드 함수의 도함수.

을 알지 못하기 때문에 처음에는 임의의 값으로 시작한다. 가중값이 임의의 값이므로 함수 f는 우리가 원하는 함수가 아니다. 따라서 우리가 원하는 함수를 얻기 위해 가중값을 수정해야 하며, 수정하기 위해 비용함수를 다음과 같이 정의하자.

$$E(X,W) = \frac{1}{5}\sum_{m=1}^{5} E_m(x_m, W) = \frac{1}{5}\sum_{m=1}^{5}\frac{1}{2}||t_m - y_m||^2, \quad y_m = f(x_m).$$

이제 주어진 비용함수와 경사 하강법을 이용하여 우리가 원하는 함숫값을 갖는 함수 f를 구할 수 있도록 가중값을 수정하자.

분류기의 구축 과정

과정 1. 초기설정

학습률(η)은 0.1, 초기 가중값(W)은 임의의 값으로 설정, 그리고 학습

횟수(n)를 설정한다.

과정 2. 5 개의 데이터(X)에 대해서 가중값(W)을 수정하는데 한 번에 한 개의 데이터에 대해서 다음 가중값을 수정하면 된다.

과정 2-1. 함숫값(y) 계산

현재 설정되어있는 가중값을 이용하여 함숫값(y)을 계산한다.

$$y = \phi(u) = \phi(w_0 + wx)$$

과정 2-2. 기울기를 구한다.

$$\frac{\partial E_m}{\partial w_0} = \frac{\partial E_m}{\partial u}\frac{\partial u}{\partial w_0} = (y - t)\phi'(u),$$
$$\frac{\partial E_m}{\partial w} = \frac{\partial E_m}{\partial u}\frac{\partial u}{\partial w} = (y - t)\phi'(u)x.$$

과정 2-3. 계산된 기울기와 학습률을 이용하여 가중값을 수정한다.

$$w_0^{(n+1)} = w_0^{(n)} - \eta\frac{\partial E_m}{\partial w_0},$$
$$w^{(n+1)} = w^{(n)} - \eta\frac{\partial E_m}{\partial w}.$$

과정 3. 5 개의 데이터에 대하여 과정 2를 모두 수행한 후 설정한 학습 횟수보다 작으면 $n = n + 1$로 설정하고 과정 2, 3 을 반복한다. 그렇지 않다면 학습을 끝낸다.

```
In[1]:  from tensorflow.keras.models import Sequential
        from tensorflow.keras.layers import Dense
        import tensorflow as tf
```

```
In[2]:  x=[-2,-1,0,1,2]
        y=[0,0,1,1,1]
        learning_rate=0.1
        nb_epochs=10**2
        nb_simulation=10
```

```
In[3]:  GD=tf.compat.v1.train.GradientDescentOptimizer(learning_rate)
        model = Sequential()
        model.add(Dense(units=1, input_dim=1, activation='sigmoid'))
        model.compile(loss='mean_squared_error',
                      optimizer=GD,metrics=['accuracy'])
        Predict = model.predict(x)
        Loss, Accuracy = model.evaluate(x,y, verbose=0)
        print('y(%4d)='%(0),'(%.6f,%.6f,%.6f,%.6f,%.6f)'
                      %tuple(Predict[:,0]),'E(y,t)=%.6f'%(Loss))
        for e in range(nb_simulation):
            model.fit(x, y, epochs=nb_epochs, verbose=0,)
            Predict = model.predict(x)
            Loss, Accuray = model.evaluate(x,y, verbose=0)
            print('y(%4d)='%((e+1)*nb_epochs),
                          '(%.6f,%.6f,%.6f,%.6f,%.6f)'
                          %tuple(Predict[:,0]),'E(y,t)=%.6f'%(Loss))
```

```
y(   0)= (0.080642,0.228496,0.500000,0.771504,0.919358)
E(y,t)=0.073485
y( 100)= (0.062184,0.236340,0.590918,0.870836,0.969201)
E(y,t)=0.048941
y( 200)= (0.048950,0.233395,0.642970,0.914182,0.984378)
E(y,t)=0.038390
y( 300)= (0.038818,0.225588,0.677539,0.938102,0.990935)
E(y,t)=0.032058
y( 400)= (0.031165,0.216229,0.702918,0.953035,0.994287)
E(y,t)=0.027644
y( 500)= (0.025387,0.206751,0.722833,0.963093,0.996185)
E(y,t)=0.024318
y( 600)= (0.020983,0.197722,0.739169,0.970226,0.997338)
E(y,t)=0.021692
y( 700)= (0.017581,0.189340,0.752978,0.975480,0.998078)
E(y,t)=0.019557
y( 800)= (0.014916,0.181640,0.764903,0.979463,0.998572)
E(y,t)=0.017782
y( 900)= (0.012797,0.174594,0.775362,0.982555,0.998913)
E(y,t)=0.016283
y(1000)= (0.011090,0.168149,0.784645,0.985001,0.999156)
E(y,t)=0.015000
```

이렇게 간단한 분류기가 구축되었다. 분류기를 구축하기 위해 사용한 함수들을 간단하게 알아보자.

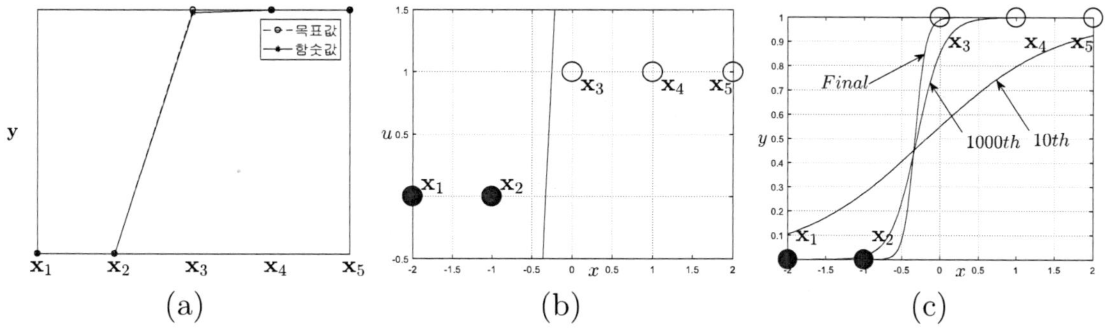

그림 2.6: (a) 목푯값과 함숫값 비교, (b) 추정한 가중값을 이용하여 구한 선형 결정 경계, (c) 예제의 결과.

Dense

레이어를 생성할 때 사용하는 keras 라이브러리의 오브젝트이다.

```
Dense(units=1, input_dim=1, activation='sigmoid')
```

위 코드는 레이어의 노드 개수(units)는 1 개, 입력 데이터의 차원(input_dim)은 1, 그리고 활성화 함수는 sigmoid 함수로 설정된 레이어이다.

Sequential

Sequential은 keras 라이브러리 내의 오브젝트로 레이어들을 층층이 쌓아 올리는 모델을 구성할 수 있게 하는 도구이다. 다음 코드들을 보면 Sequential 의 의미를 이해해보자.

Sequential.add()

Sequential 모델에 레이어를 추가하는 함수이다.

```
model.add(Dense(units=1, input_dim=1, activation='sigmoid'))
```

레이어의 노드 개수(units)는 1 개, 입력 데이터의 차원(input_dim)은 1, 그리고 활성화 함수는 sigmoid 함수로 설정된 레이어를 모델에 추가한다.

tf.compat.v1.train.GradientDescentOptimizer()

경사 하강법으로 최적값을 찾아준다. optimizer는 학습률(learning_rate)이 0.1 이고 경사 하강법을 사용하는 최적화 함수이다.

```
optimizer = tf.compat.v1.train.GradientDescentOptimizer(
                learning_rate=0.1)
```

Sequential.compile()

모델 구성 후 학습하기 위해 모델 최적화 방법을 설정해 주어야 한다. 이때 비용함수와 최적화 방법 등을 compile()을 이용하여 설정한다.

```
model.compile(loss='mean_squared_error',optimizer=tf.compat.
    v1.train.GradientDescentOptimizer(learning_rate=0.1),
    metrics=['accuracy'])
```

비용함수(loss)를 평균 제곱 오차(mean squared error), 최적화 알고리즘(optimizer)을 경사 하강법(gradient descent), 그리고 평가기준(metric)을 정확도(accuracy)로 설정한다.

Sequential.fit()

모델을 반복 학습시킨다.

```
model.fit(x=input_data,y=label_data,epochs=nb_epochs,verbose=0)
```

x데이터, y데이터에 대하여 전체 데이터를 학습하는 횟수(epochs)를 nb_epochs로 설정하여 반복 학습시킨다.

Sequential.predict()

학습한 모델을 이용하여 새로운 데이터에 대한 결괏값을 예측한다.

```
Predict = model.predict(x)
```

데이터 x에 대한 결과를 예측한다.

Sequential.evaluate()

학습한 모델을 이용하여 입력 데이터에 대한 비용함수 값과 정확도를 반환한다. 즉, 이 함수를 이용하여 학습된 모델의 성능을 평가할 수 있다.

```
Loss, Accuracy = model.evaluate(x,y, verbose=0)
```

x, y는 테스트 데이터이고 verbose=0는 결괏값을 출력하지 않도록 해준다. 모델의 비용함수 값을 변수 Loss에 저장하고 모델의 정확도를 변수 Accuracy에 저장한다.

Sequential.save()

학습된 모델의 정보(가중치)를 저장한다. 이때 확장자는 '.h5'로 저장해야 한다.

```
model.save('filename.h5')
```

keras.models.load_model()

학습된 모델의 정보(가중치)가 저장된 데이터를 읽어온다.

```
new_model = keras.models.load_model('filename.h5')
```

여기까지 텐서플로 2.x와 머신러닝 알고리즘을 통해 MNIST 손글씨 데이터를 학습하는 분류기를 구축하는 주요 모듈과 함수들에 대해 알아보았다.

다음으로는 분류기를 구축하면서 사용한 활성화 함수와 편향에 대해서 간단하게 알아보자. 먼저 편향은 분류하기 위한 기준값이다. 즉, 추정한 가중값으로 계산된 가중합이 편향보다 크다 작다로 분류한다. 이를 수식으로 나타내면 다음과 같다.

$$y = \begin{cases} 0 & wx \leq b\text{인 경우}, \\ 1 & wx > b\text{인 경우}. \end{cases}$$

여기서, b는 편향이다. 우리는 가중값이 바뀜에 따라 편향도 같이 바뀌어야 하므로 다음과 같이 표현하여 사용한다.

$$y = \begin{cases} 0 & -b + wx \leq 0\text{인 경우}, \\ 1 & -b + wx > 0\text{인 경우}. \end{cases}$$

여기서, $-b$는 w_0와 같다. 만약 편향을 수정하지 않고 고정하면, 즉, $b = 0$이라면 [그림 2.7]과 같이 x_3을 제대로 분류를 못하고 있음을 확인할 수 있다. 그 이유는 항상 원점을 지나므로 분류를 제대로 하지 못하게 되는 것이다.

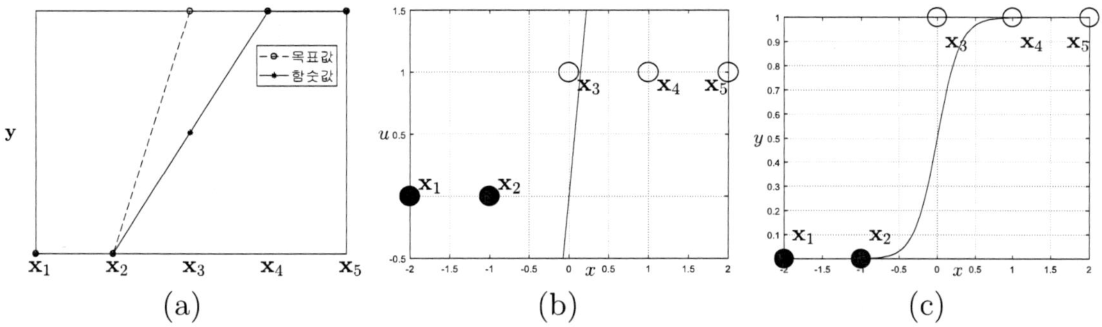

그림 2.7: 편향이 없는 경우: (a) 목푯값과 함숫값 비교, (b) 추정한 가중값을 이용하여 구한 결정 경계, (c) 예제의 결과.

활성화 함수는 2가지 의미를 가지고 있다. 첫 번째는 비선형의 성질을 갖는 것이다. 이는 복잡한 분류를 할 때 유용하게 활용될 수 있다. 두 번째로, 분류할 때의 특성을 가지고 있다. 위 예제와 같이 0, 1을 분류할 때는 시그모이드 함수와 같이 함숫값이 0에서 1 사이인 함수를 사용하면 된다. 따라서, 분류하는 특성에 맞는 적절한 활성화 함수를 사용하면 된다.

제 3 절 은닉층 (Hidden Layer)

앞 절에서 ⟨예제 7⟩을 통해 단순하게 입력층과 출력층으로 구성된 분류기를 구축하여 분류가 잘 되는 것을 확인하였다. 그렇다면 ⟨예제 8⟩과 같은 경우에도 분류를 잘하는지 확인해보자.

예제 8: 1차원 공간에 여섯 개의 데이터와 각 데이터의 클래스가 다음과 같이 주어졌다고 하자([그림 2.8] 참조).

$X = \{x_1, \cdots, x_6\}, \quad T = \{t_1, \cdots, t_6\}$

$$x_1 = 2, \quad t_1 = 0$$
$$x_2 = 3, \quad t_2 = 0$$
$$x_3 = 5, \quad t_3 = 1$$
$$x_4 = 6, \quad t_4 = 1$$
$$x_5 = 8, \quad t_5 = 0$$
$$x_6 = 9, \quad t_6 = 0$$

여기서 X는 분류하고자 하는 데이터이고, T는 각 데이터에 해당하는 목푯값이다.

```
In[1]:  from tensorflow.keras.models import Sequential
        from tensorflow.keras.layers import Dense
        import tensorflow as tf
```

```
In[2]:  x=[2,3,5,6,8,9]
        y=[0,0,1,1,0,0]
```

```
        learning_rate=1.0
        nb_epochs=2*(10**2)
        nb_simulation=10
```

```
In[3]:  GD=tf.compat.v1.train.GradientDescentOptimizer
        model = Sequential()
        model.add(Dense(units=1, input_dim=1, activation='sigmoid'))
        model.compile(loss='mean_squared_error',
                optimizer=GD(learning_rate),metrics=['accuracy'])
        Predict = model.predict(x)
        Loss, Accuracy = model.evaluate(x,y, verbose=0)
        print('y(%4d)='%(0),'(%.6f,%.6f,%.6f,%.6f,%.6f,%.6f)'
               %tuple(Predict[:,0]),'E(y,t)=%.6f'%(Loss))
        for e in range(nb_simulation):
            model.fit(x, y, epochs=nb_epochs, verbose=0)
            Predict = model.predict(x)
            Loss, Accuray = model.evaluate(x,y, verbose=0)
            print('y(%4d)='%((e+1)*nb_epochs),
                        '(%.6f,%.6f,%.6f,%.6f,%.6f,%.6f)'
                        %tuple(Predict[:,0]),'E(y,t)=%.6f'%(Loss))
```

```
y(   0)= (0.569707,0.603719,0.668551,0.698880,0.754475,0.779534)
E(y,t)=0.344413
y( 200)= (0.156836,0.110474,0.052460,0.035648,0.016212,0.010883)
E(y,t)=0.310832
y( 400)= (0.148544,0.105600,0.051303,0.035305,0.016486,0.011217)
```

```
E(y,t)=0.310713
y( 600)= (0.148561,0.105691,0.051430,0.035423,0.016569,0.011283)
E(y,t)=0.310640
y( 800)= (0.148561,0.105691,0.051430,0.035423,0.016569,0.011283)
E(y,t)=0.310639
y(1000)= (0.148561,0.105691,0.051430,0.035423,0.016569,0.011283)
E(y,t)=0.310639
y(1200)= (0.148561,0.105691,0.051430,0.035423,0.016569,0.011283)
E(y,t)=0.310639
y(1400)= (0.148561,0.105691,0.051430,0.035423,0.016569,0.011283)
E(y,t)=0.310639
y(1600)= (0.148561,0.105691,0.051430,0.035423,0.016569,0.011283)
E(y,t)=0.310639
y(1800)= (0.148561,0.105691,0.051430,0.035423,0.016569,0.011283)
E(y,t)=0.310639
y(2000)= (0.148561,0.105691,0.051430,0.035423,0.016569,0.011283)
E(y,t)=0.310639
```

위 결과를 보면 현재 오차와 수정하기 전 오차의 차이는 '0'에 가까운 값인 $9.999915e-11$이지만, 비용함수 ($E(W,X)$)는 비교적 큰 값을 갖는다. 즉, [그림 2.8]과 같이 구축된 분류기는 ⟨예제 3⟩의 경우를 제대로 분류하지 못하고 있다.

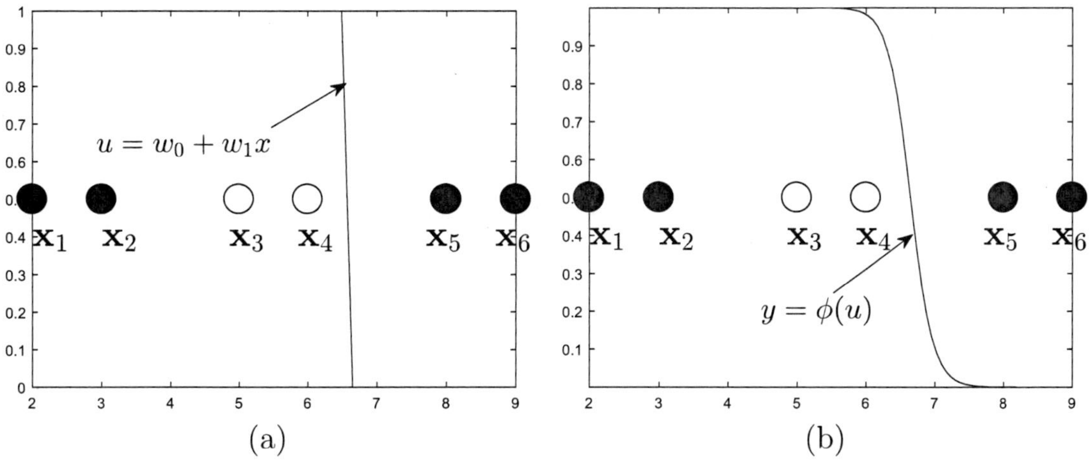

그림 2.8: (a) 선형 결정 경계, (b) 출력층의 출력값.

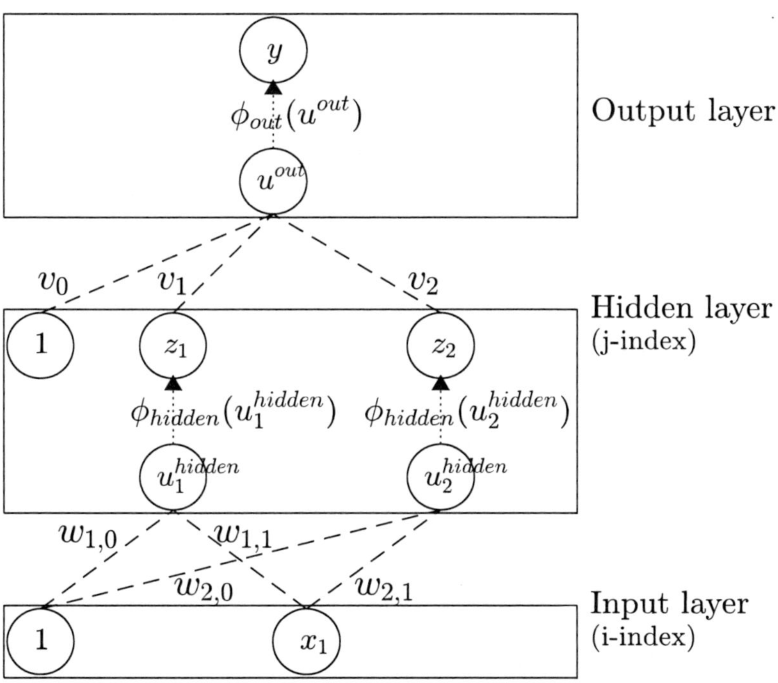

그림 2.9: 은닉층을 추가한 분류기 구조.

이러한 복잡한 경우를 분류하기 위해 우리는 [그림 2.9]와 같이 입력층과 출력층 사이에 은닉층이라는 하나의 층을 추가하여 분류기를 생각해볼 수 있다.

[그림 2.9]와 같이 은닉층의 노드를 2 개로 설정하면 [그림 2.10 (a)]와 같이 선형 결정 경계가 2 개 만들어져 ⟨예제 3⟩을 분류하는 분류기가 구축되는 것이다. 이 과정을 수식으로 정리해보자. 먼저, 입력층과 은닉층의 계산과정은 다음과 같다.

$$\begin{aligned} u_j^{hidden} &= w_{j0} + w_{j1}x_1 \qquad && (j = 1, 2) \\ z_j &= \phi_{hidden}(u_j^{hidden}) \qquad && (j = 1, 2) \end{aligned}$$

다음으로 출력층의 계산과정은 다음과 같다.

$$\begin{aligned} u^{out} &= v_0 + \sum_{j=1}^{2} v_j z_j \\ y &= \phi_{out}(u^{out}) \end{aligned}$$

x_1을 확장하여 $\tilde{\mathbf{x}} = [1 \quad x_1]^T$라 하고 z_1, z_2를 확장하여 $\tilde{\mathbf{z}} = [1 \quad z_1 \quad z_2]^T$라 하자. W와 V를 다음과 같이 행렬과 벡터로 놓자.

$$W = \begin{pmatrix} w_{10} & w_{11} \\ \\ w_{20} & w_{21} \end{pmatrix}, \qquad V = (v_0 \quad v_1 \quad v_2).$$

위 식을 벡터와 행렬로 표현하면 다음과 같다.

$$\begin{aligned} \mathbf{z} &= \phi_{hidden}(\mathbf{u}^{hidden}) = \phi_{hidden}(W\tilde{\mathbf{x}}) \\ y &= \phi_{out}(u^{out}) = \phi_{out}(V\tilde{\mathbf{z}}) \end{aligned}$$

그럼 은닉층을 추가한 분류기를 구축하는 과정을 알아보자. 여기서 비용함수는 다음과 같다.

$$E(X, W, V) = \frac{1}{6}\sum_{m=1}^{6} E_m(x_m, W, V) = \frac{1}{6}\sum_{m=1}^{6}\frac{1}{2}||t_m - y_m||^2.$$

은닉층을 추가한 분류기 구축 과정:

은닉층이 한층 추가되고 은닉 노드가 2 개인 경우를 살펴보자.

과정 1. 초기설정

학습률(η)은 0.1, 초기 가중값(W, V)은 임의의 값으로 설정, 그리고 학습횟수(n) 를 설정한다.

과정 2. 6 개의 데이터($\mathbf{x}$)에 대해서 가중값(W, V)을 수정하는데 한 번에 한 개의 데이터에 대해서 다음 가중값을 수정하면 된다.

과정 2-1. 함숫값(y) 계산

현재 설정되어있는 가중값을 이용하여 출력값(y)을 계산한다.

$$\begin{aligned} z_1 &= \phi_{hidden}(u_1^{hidden}) = \phi_{hidden}(w_{10} + w_{11}x_1) \\ z_2 &= \phi_{hidden}(u_2^{hidden}) = \phi_{hidden}(w_{20} + w_{21}x_1) \\ y &= \phi_{out}(u^{out}) = \phi(v_0 + v_1 z_1 + v_2 z_2) \end{aligned}$$

과정 2-2. 기울기 계산

$$\begin{aligned} \frac{\partial E_m}{\partial v_j} &= \frac{\partial E_m}{\partial u^{out}}\frac{\partial u^{out}}{\partial v_j} = (y - t)\phi'(u^{out})z_j, \quad j = 0, 1, 2, \\ \frac{\partial E_m}{\partial w_{j,i}} &= \frac{\partial E_m}{\partial u_j^{hidden}}\frac{\partial u_j^{hidden}}{\partial w_{j,i}} = \frac{\partial E_m}{\partial u^{out}}\frac{\partial u^{out}}{\partial u_j^{hidden}}x_i \end{aligned}$$

$$= (y - t)\phi'(u^{out})\phi'(u_j^{hidden})v_j x_i, \quad i = 0, 1, \quad j = 1, 2.$$

여기서, $x_0 = 1, z_0 = 1$.

과정 2-3. 계산된 수정항과 학습률을 이용하여 가중값을 수정한다.

$$w_{j,i}^{(n+1)} = w_{j,i}^{(n)} - \eta \frac{dE_m^{(n)}}{dw_{j,i}}, \quad i = 0, 1, \quad j = 1, 2,$$
$$v_j^{(n+1)} = v_j^{(n)} - \eta \frac{dE_m^{(n)}}{dv_j}, \quad j = 0, 1, 2.$$

과정 3. 6 개의 데이터에 대하여 과정 2를 모두 수행한 후 설정한 학습 횟수보다 작으면 $n = n + 1$로 설정하고 과정 2, 3 을 반복한다. 그렇지 않다면 학습을 끝낸다.

```
In[1]:  from tensorflow.keras.models import Sequential
        from tensorflow.keras.layers import Dense
        import tensorflow as tf
```

```
In[2]:  x=[2,3,5,6,8,9]
        y=[0,0,1,1,0,0]
        learning_rate=2.5
        nb_epochs=10**4
        nb_simulation=10
```

```
In[3]:  GD=tf.compat.v1.train.GradientDescentOptimizer(learning_rate)
        model = Sequential()
        model.add(Dense(units=2, input_dim=1, activation='sigmoid'))
        model.add(Dense(units=1, activation='sigmoid'))
```

```
        model.compile(loss='mean_squared_error',
                optimizer=GD,metrics=['accuracy'])
        Predict = model.predict(x)
        Loss, Accuracy = model.evaluate(x,y, verbose=0)
        print('y(%4d)='%(0),'(%.6f,%.6f,%.6f,%.6f,%.6f,%.6f)'
                %tuple(Predict[:,0]),'E(y,t)=%.6f'%(Loss))
        for e in range(nb_simulation):
            model.fit(x, y, epochs=nb_epochs, verbose=0)
            Predict = model.predict(x)
            Loss, Accuracy = model.evaluate(x,y, verbose=0)
            print('y(%4d)='%((e+1)*nb_epochs),
                        '(%.6f,%.6f,%.6f,%.6f,%.6f,%.6f)'
                        %tuple(Predict[:,0]),'E(y,t)=%.6f'%(Loss))
```

```
y(0)=(0.69239,0.50000,0.30761,0.16484,0.08062) E(y,t)=0.55031
y(1E4)=(0.00025,0.05535,0.93161,0.99968,0.99999) E(y,t)=0.00155
y(2E4)=(0.00008,0.03813,0.95302,0.99990,1.00000) E(y,t)=0.00073
y(3E4)=(0.00004,0.03074,0.96218,0.99995,1.00000) E(y,t)=0.00048
y(4E4)=(0.00003,0.02641,0.96753,0.99997,1.00000) E(y,t)=0.00035
y(5E4)=(0.00002,0.02349,0.97113,0.99998,1.00000) E(y,t)=0.00028
y(6E4)=(0.00001,0.02135,0.97376,0.99998,1.00000) E(y,t)=0.00023
y(7E4)=(0.00001,0.01971,0.97579,0.99999,1.00000) E(y,t)=0.00020
y(8E4)=(0.00000,0.01839,0.97742,0.99999,1.00000) E(y,t)=0.00017
y(9E4)=(0.00000,0.017300,0.97876,0.99999,1.00000) E(y,t)=0.00015
y(10E4)=(0.00000,0.01638,0.97989,0.99999,1.00000) E(y,t)=0.00014
```

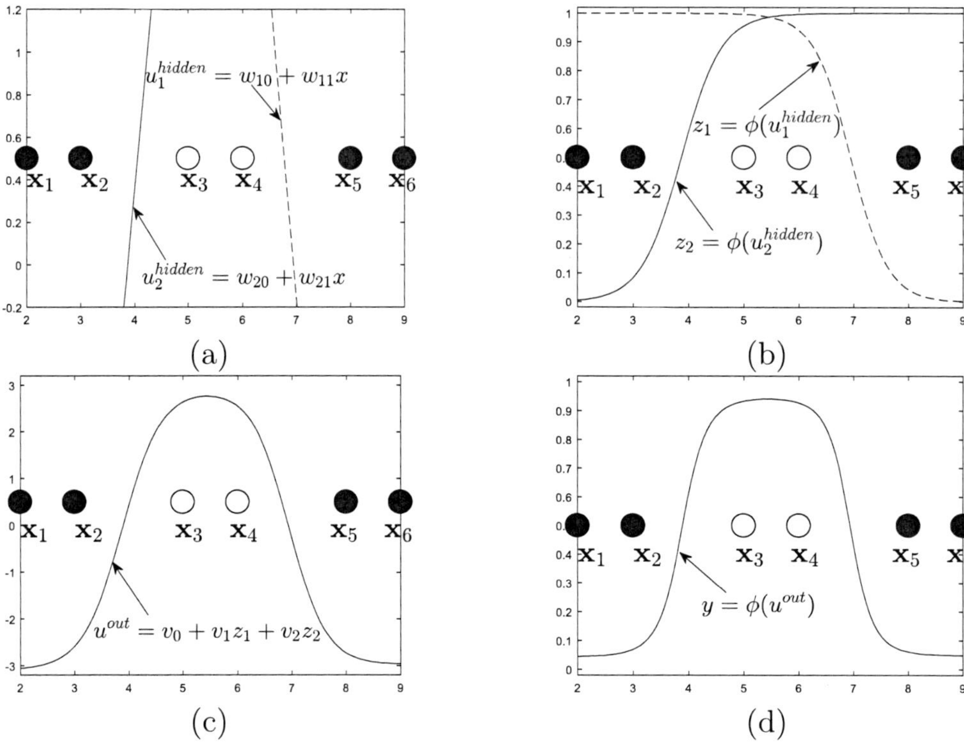

그림 2.10: 예제 8. 추정한 가중값을 이용하여 구한 (a) 선형 결정 경계, (b) 은닉층의 출력값, (c) 비선형 결정 경계, (d) 예제의 결과.

제 4 절 MNIST database

MNIST(Mixed National Institute of Standards and Technology database) 데이터베이스는 Yann LeCun 의 웹 사이트(http://yann.lecun.com/exdb/mnist)에 28×28픽셀 사이즈의 숫자(0부터 9까지) 이미지 데이터와 각 이미지에 해당하는 레이블 데이터로 구성되어 있다. [그림 2.14]부터 [그림 2.23]은 MNIST 데이터베이스에 있는 숫자들을 나타낸다. 다음 [표 2.1]와 [그림 2.11]은 6 만 개의 학습 데이터의 각 숫자의 개수를 나타낸 것이다.

숫자	0	1	2	3	4
학습 데이터	5923	6742	5958	6131	5842
숫자	5	6	7	8	9
학습 데이터	5421	5918	6265	5851	5949

표 2.1: MNIST 숫자 이미지 데이터의 개수. 총 합계 60000.

각 이미지 데이터는 28×28픽셀로 구성되어 있으며 각 픽셀에는 픽셀의 밝기 값(Intensity)을 grayscale로 표현하여 그 값을 저장해 두었다. 데이터베이스는 두 부분으로 되어 있는데 하나는 숫자 이미지 데이터와 그에 해당하는 레이블 데이터이다. 학습 이미지 데이터는 $47040000(= 60000 \times 28 \times 28)$차원의 벡터로 구성되어 있고 $784(= 28 \times 28)$ 개마다 1 개의 이미지 데이터 의미를 가지고 있다.

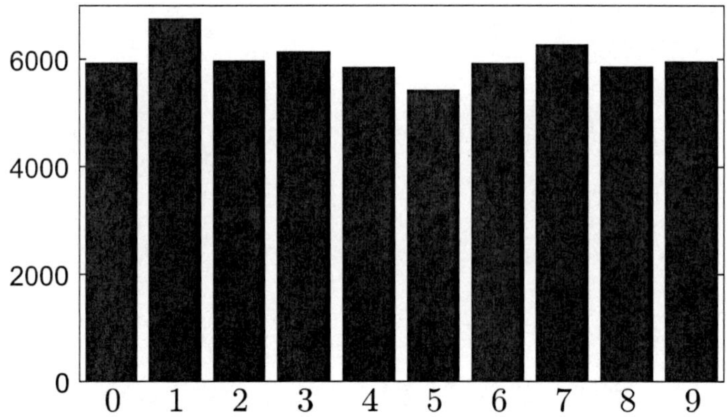

그림 2.11: 학습 이미지 데이터의 각 숫자의 개수.

$$
\begin{aligned}
X(1,1:784) &= [\ x_1,\quad x_2,\quad \cdots\quad , x_{784}] \\
X(2,1:784) &= [\ x_{785},\quad x_{786},\quad \cdots\quad , x_{1568}] \\
&\ \ \vdots \qquad\qquad\qquad \vdots \\
X(60000,1:784) &= [\ x_{47039217},\quad \cdots\quad , x_{47040000}]
\end{aligned}
$$

그림 2.12: 전처리된 이미지 데이터 행렬.

[그림 2.12]와 같이 우리는 47040000 개의 정보를 784 개 단위로 6만 개 이미지로 분리한 뒤 학습하는 데 활용할 것이다. 설명의 편의를 위해서 MNIST 데이터베이스를 읽어 오는 대신에 본 교재에서는 데이터베이스를 사용하기 쉽게 전처리하여 제공하겠다. 다음 [그림 2.13]은 학습 데이터 안에 있는 0부터 9까지의 숫자들을 출력한 결과이다. 각 그림의 격자는 28×28로 되어 있다.

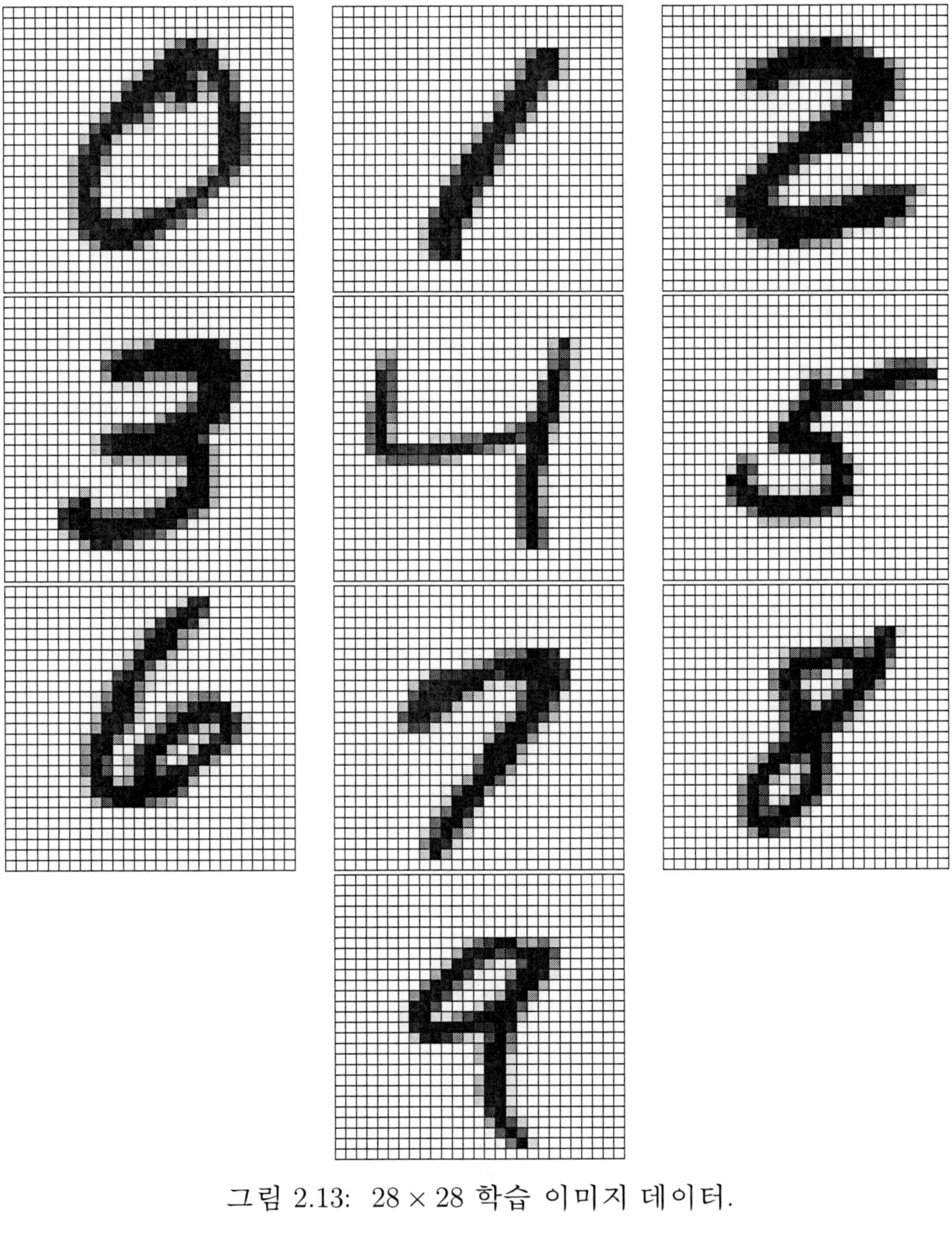

그림 2.13: 28×28 학습 이미지 데이터.

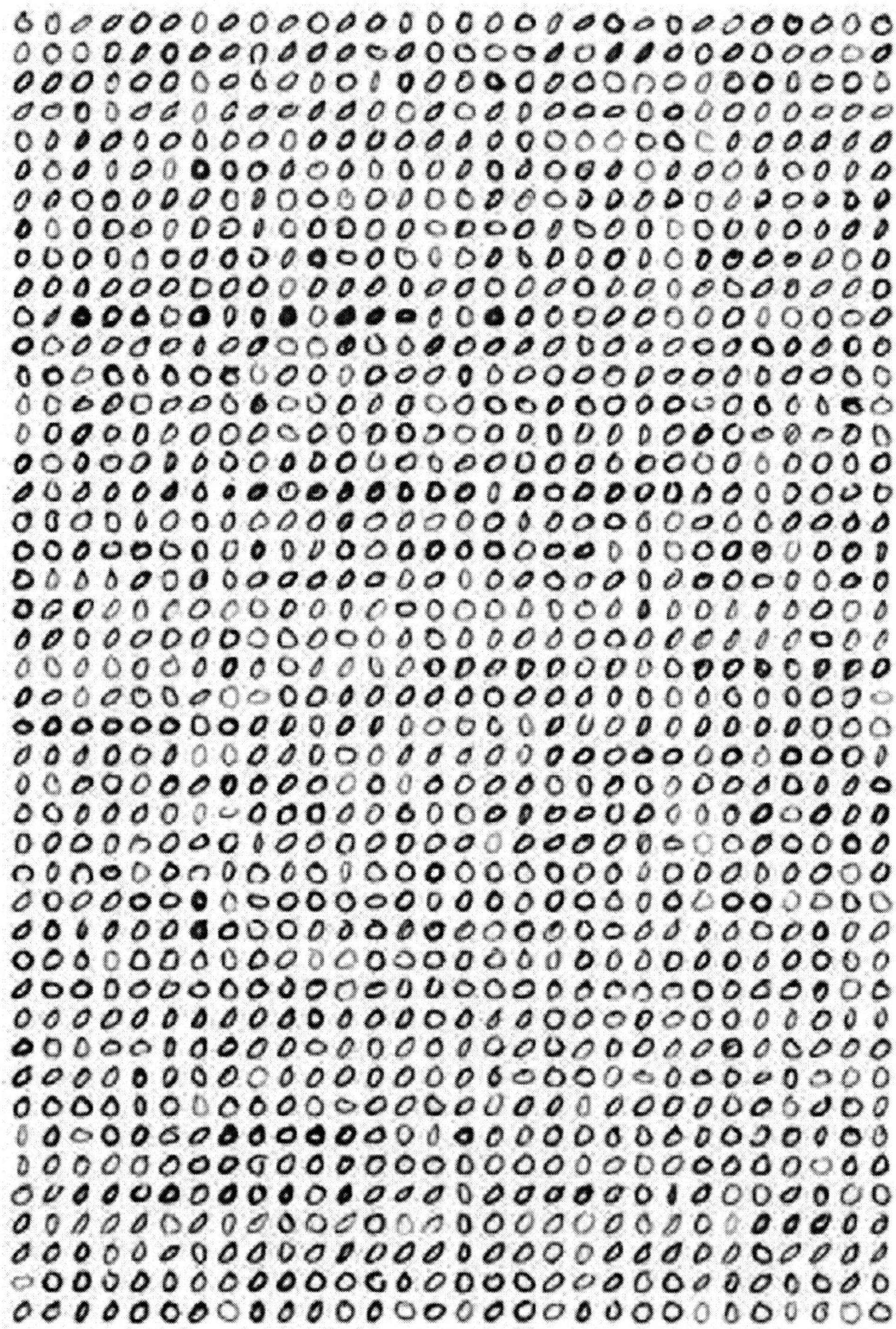

그림 2.14: MNIST 데이터베이스 숫자 0.

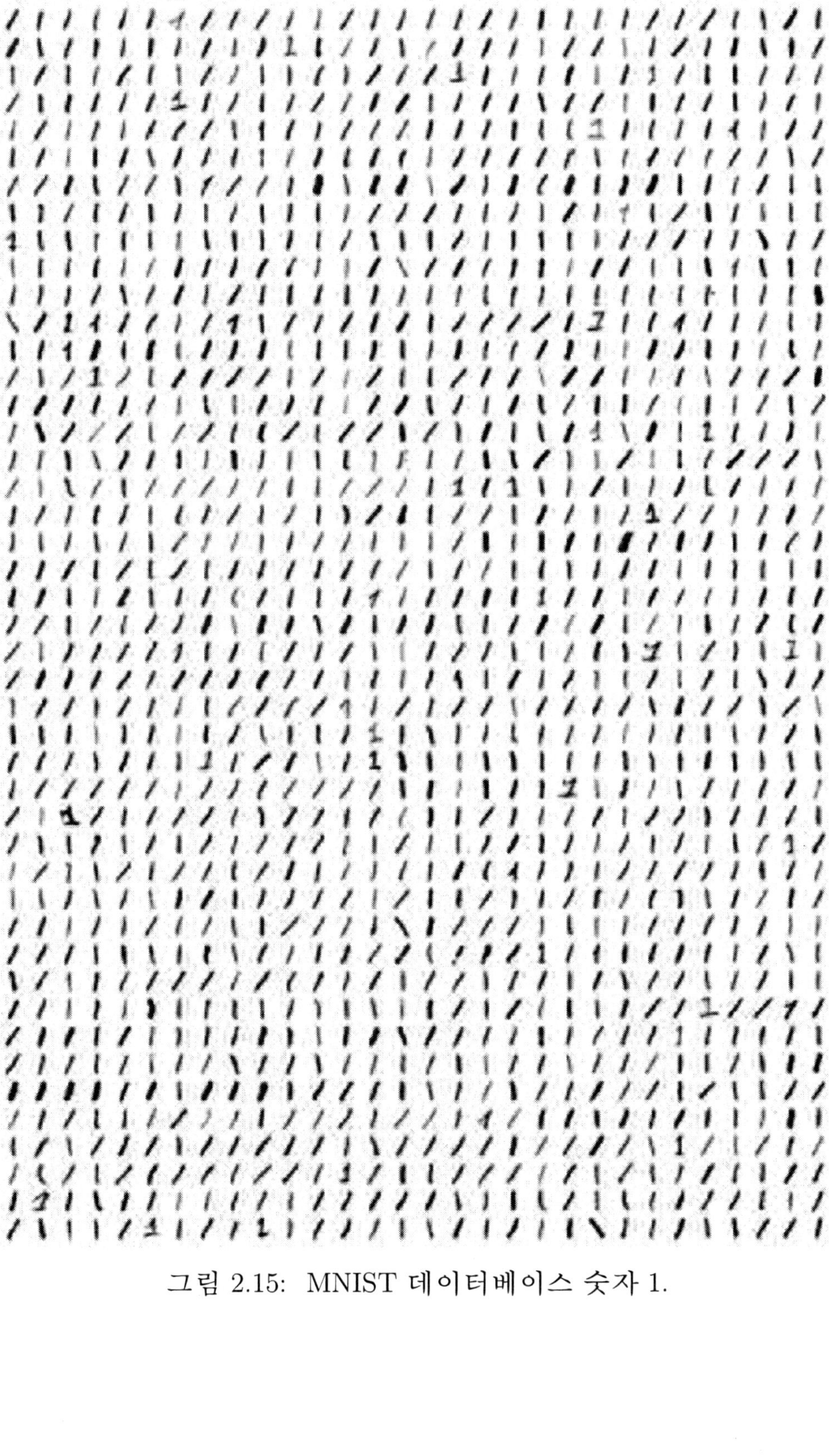

그림 2.15: MNIST 데이터베이스 숫자 1.

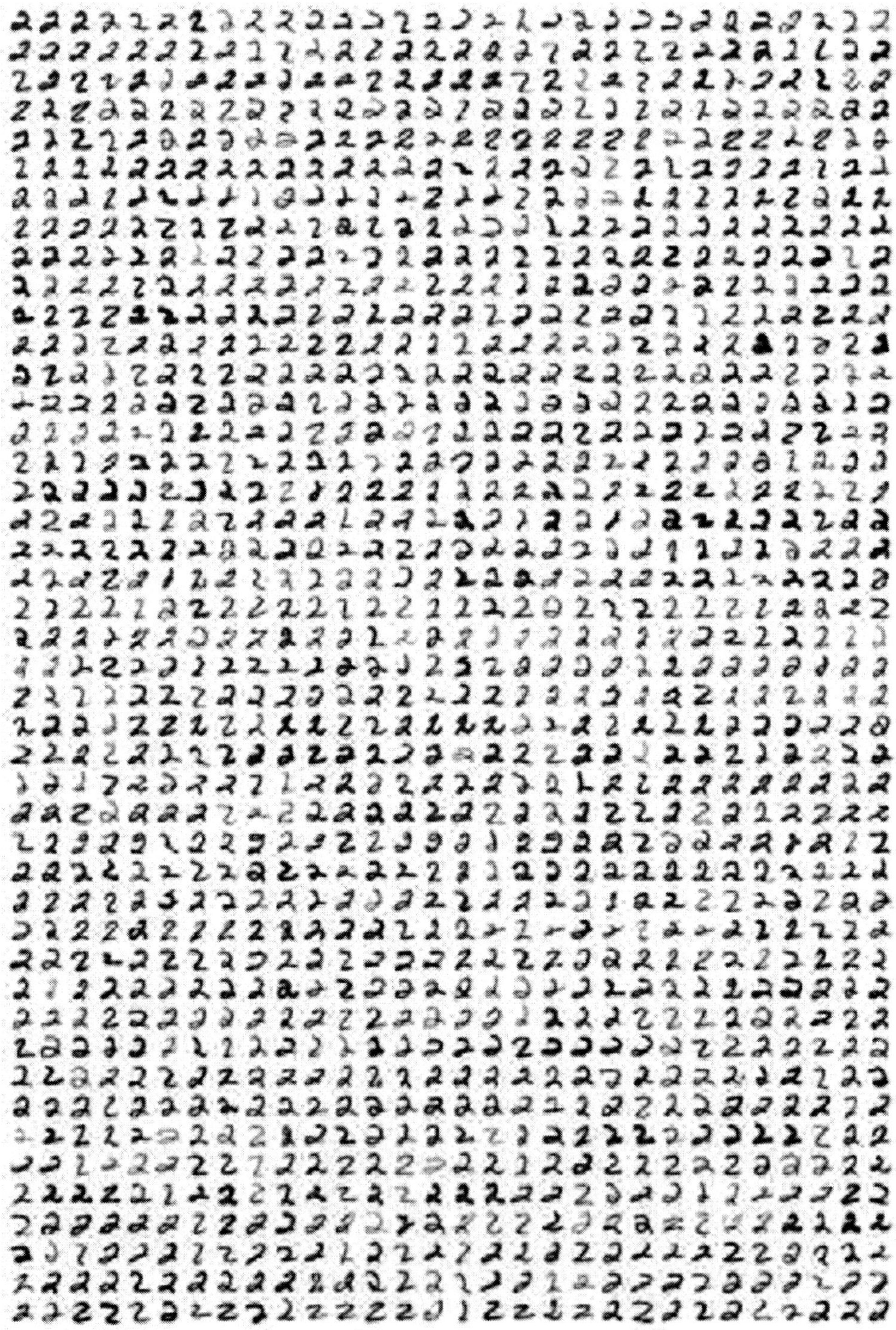

그림 2.16: MNIST 데이터베이스 숫자 2.

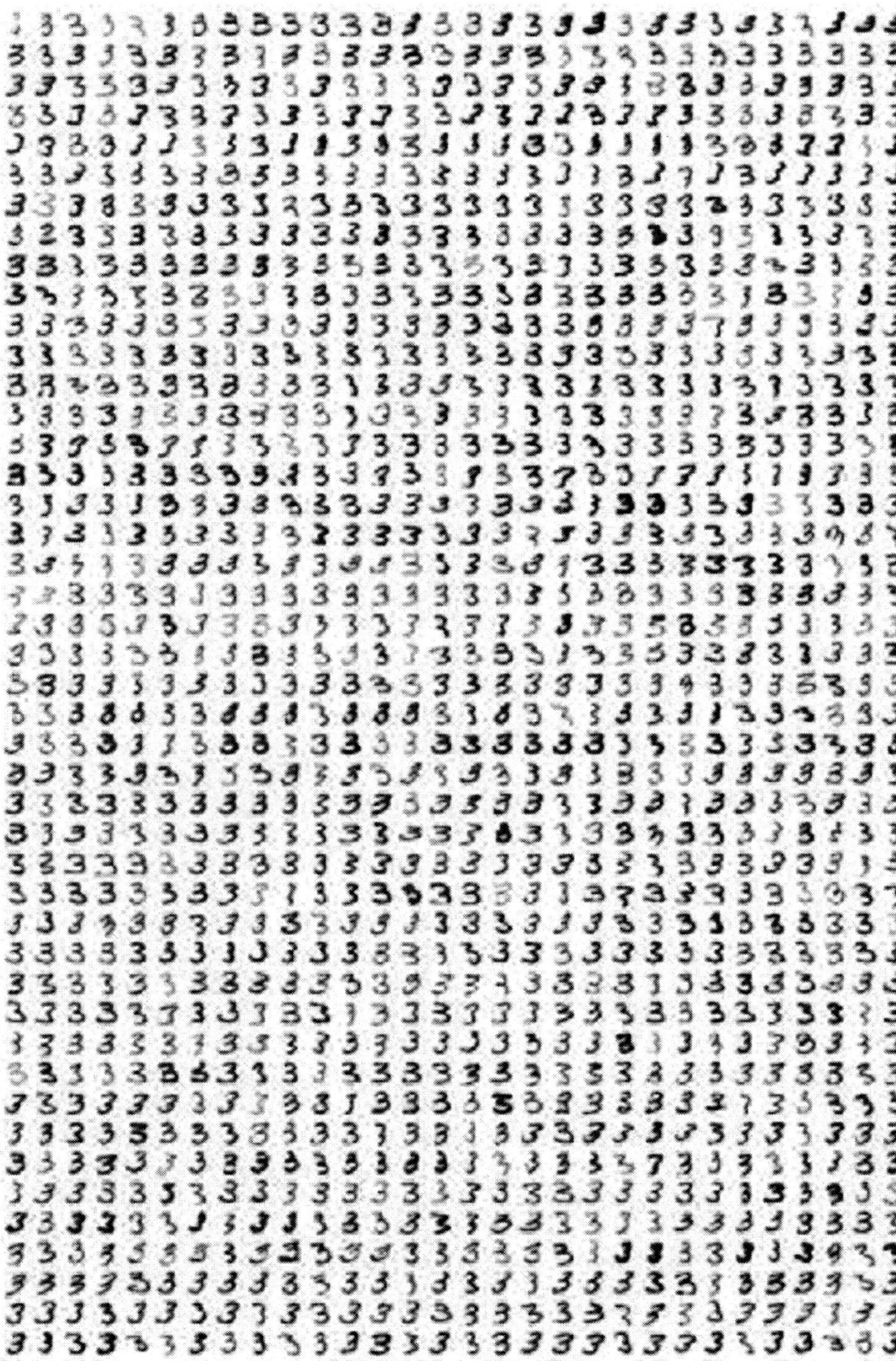

그림 2.17: MNIST 데이터베이스 숫자 3.

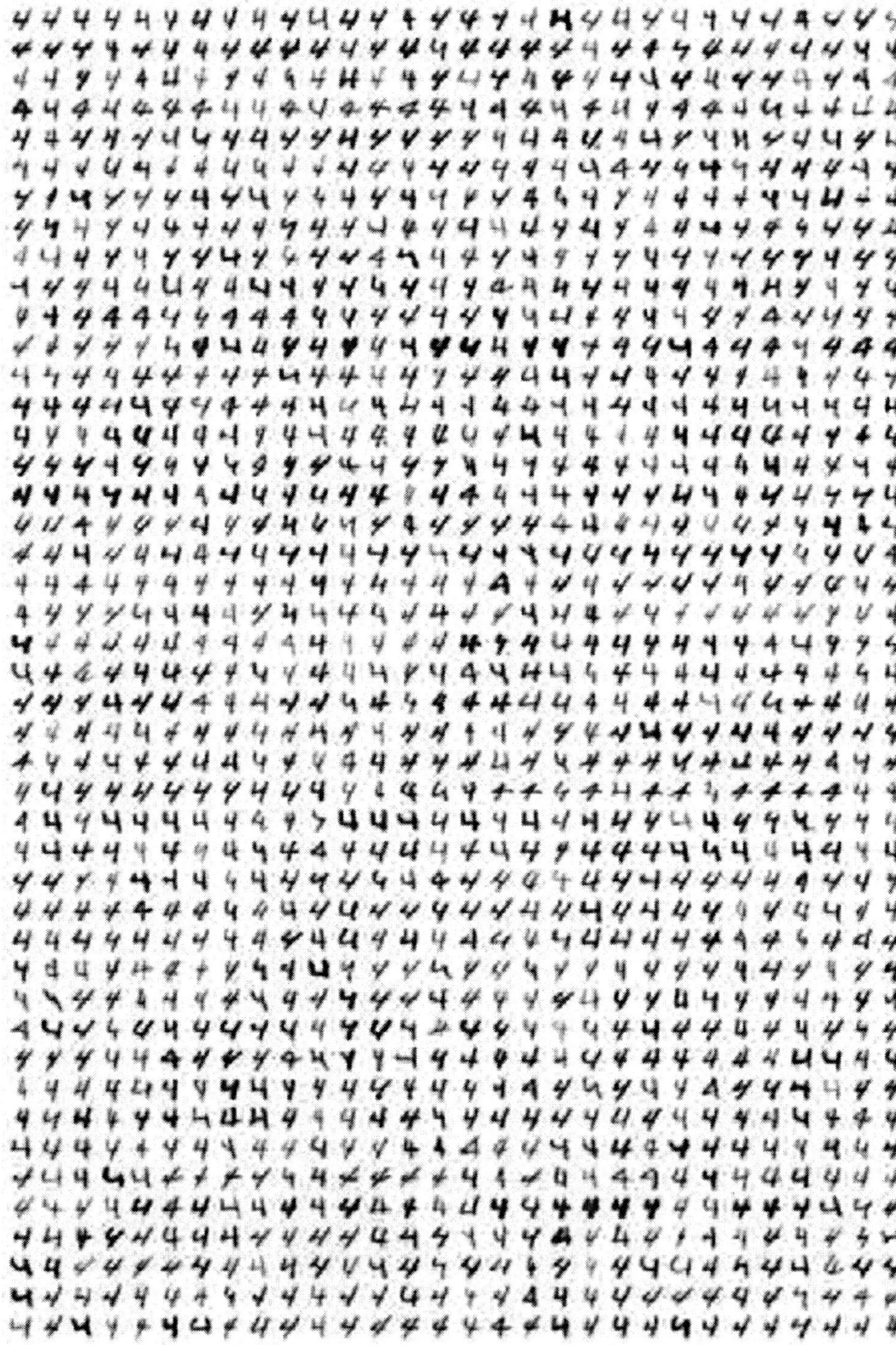

그림 2.18: MNIST 데이터베이스 숫자 4.

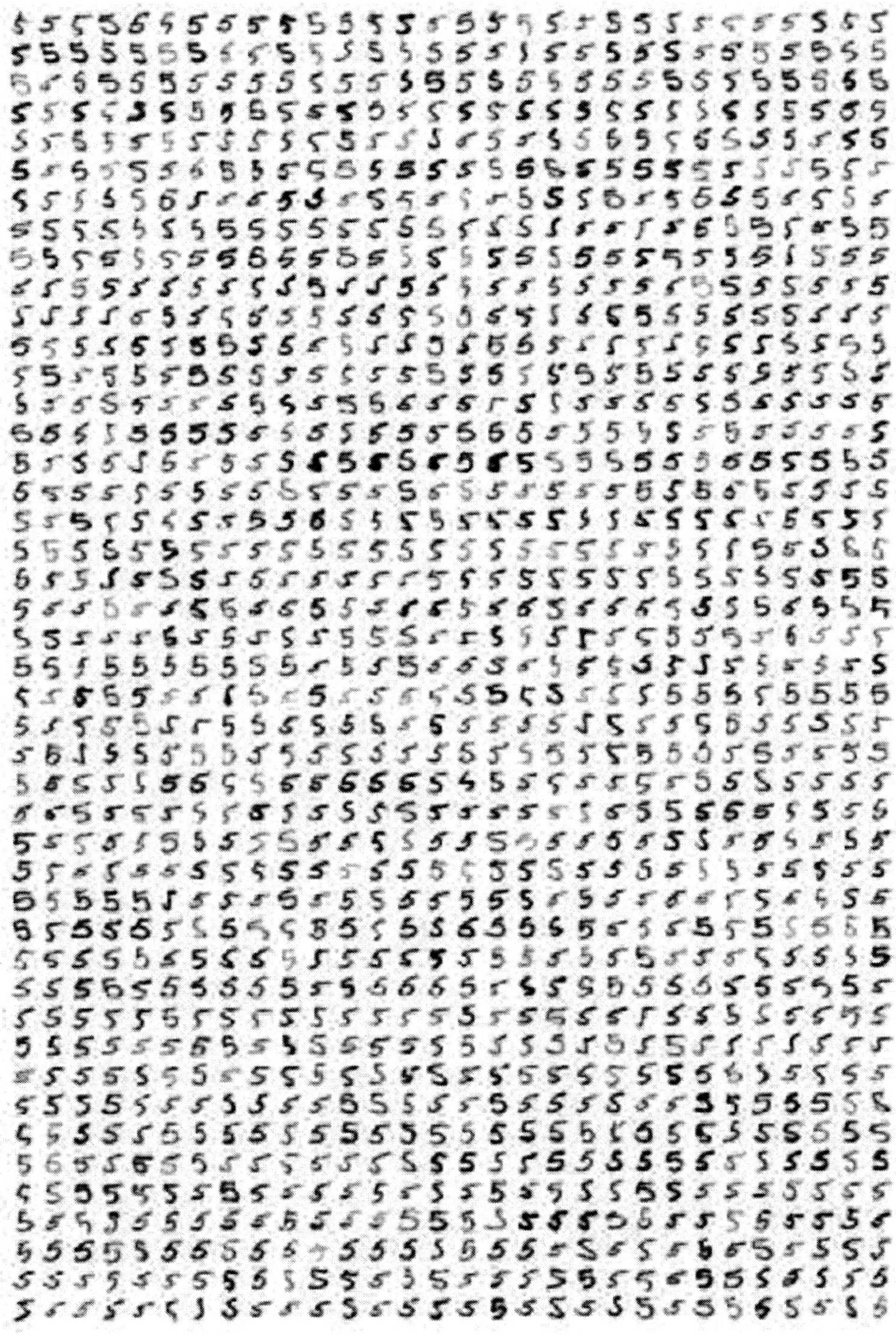

그림 2.19: MNIST 데이터베이스 숫자 5.

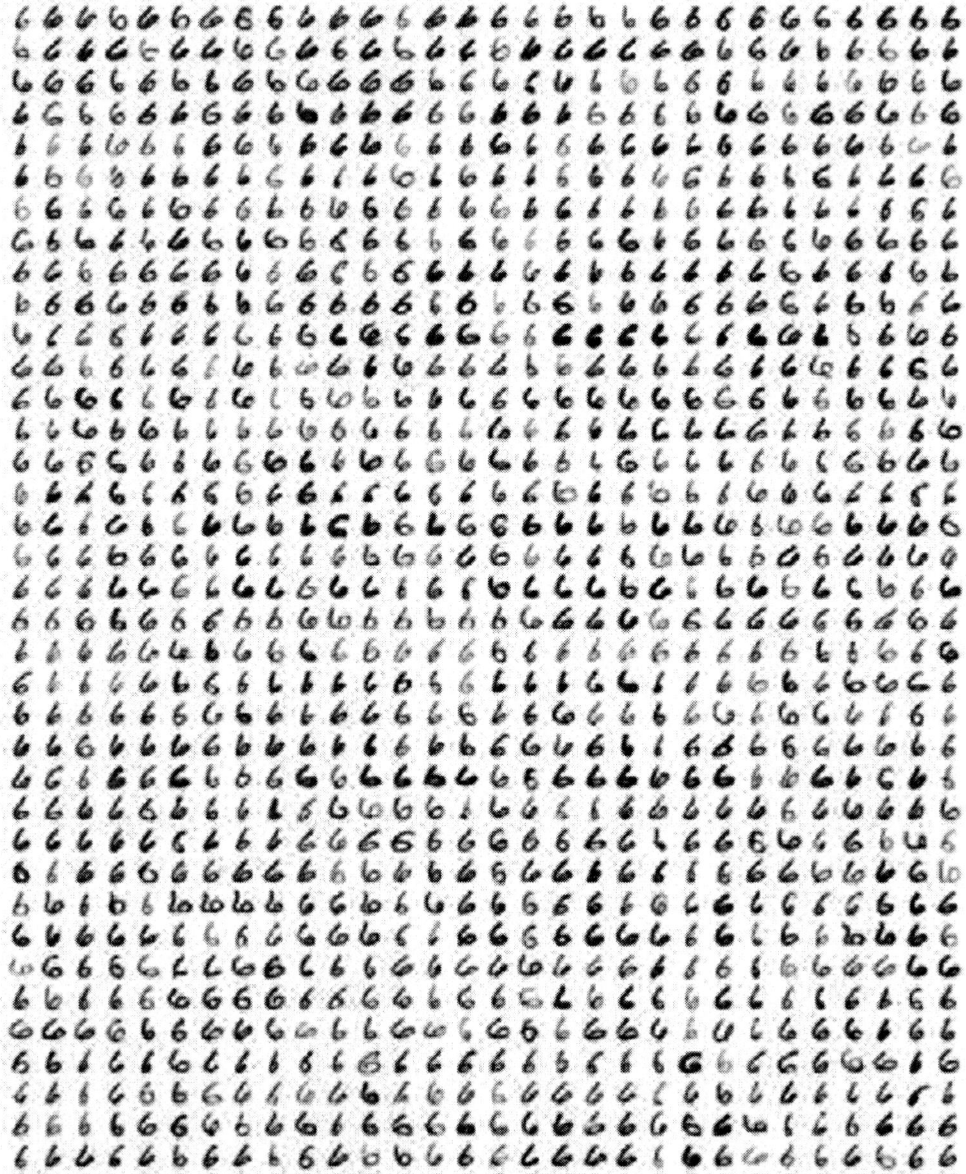

그림 2.20: MNIST 데이터베이스 숫자 6.

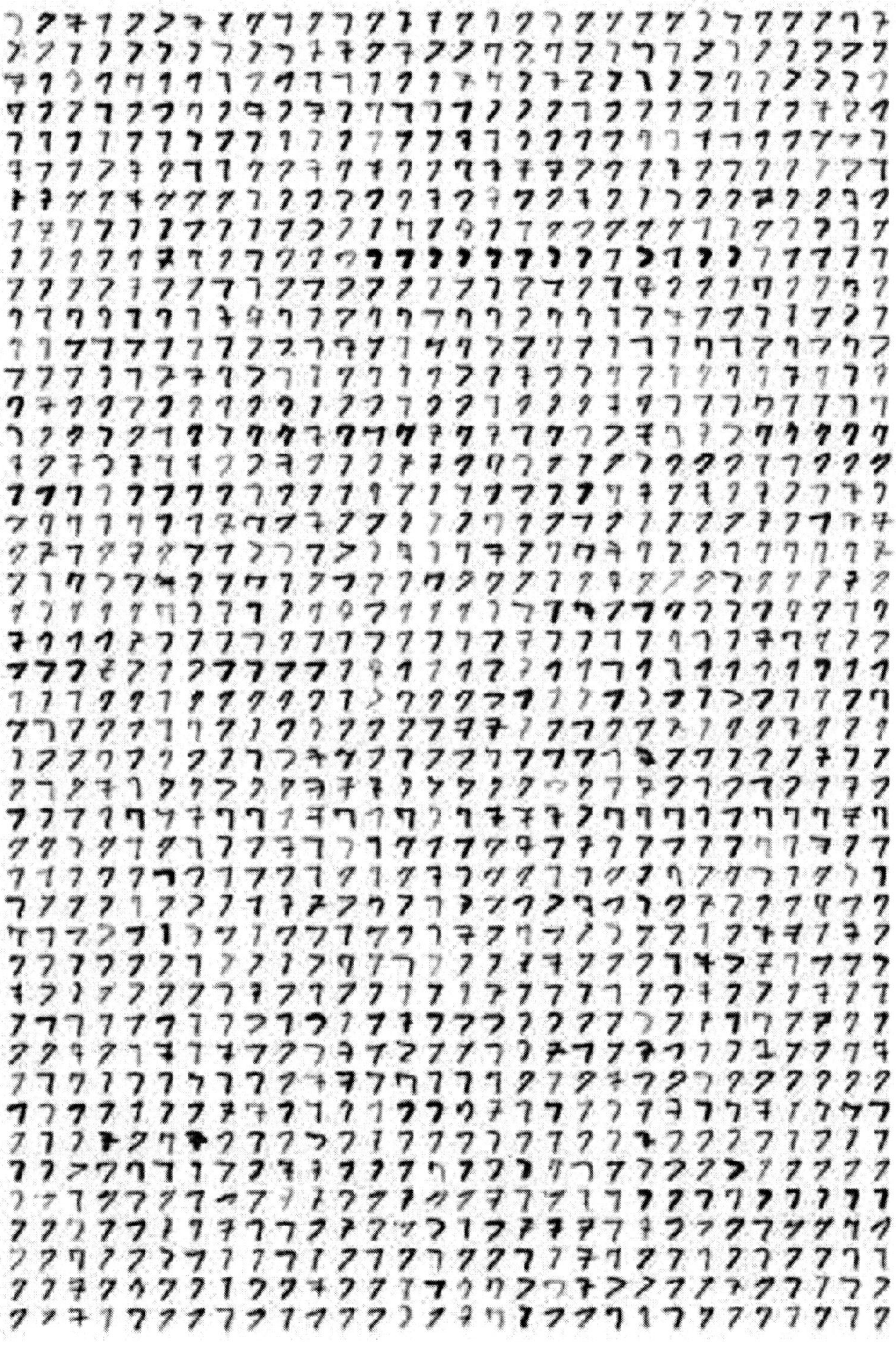

그림 2.21: MNIST 데이터베이스 숫자 7.

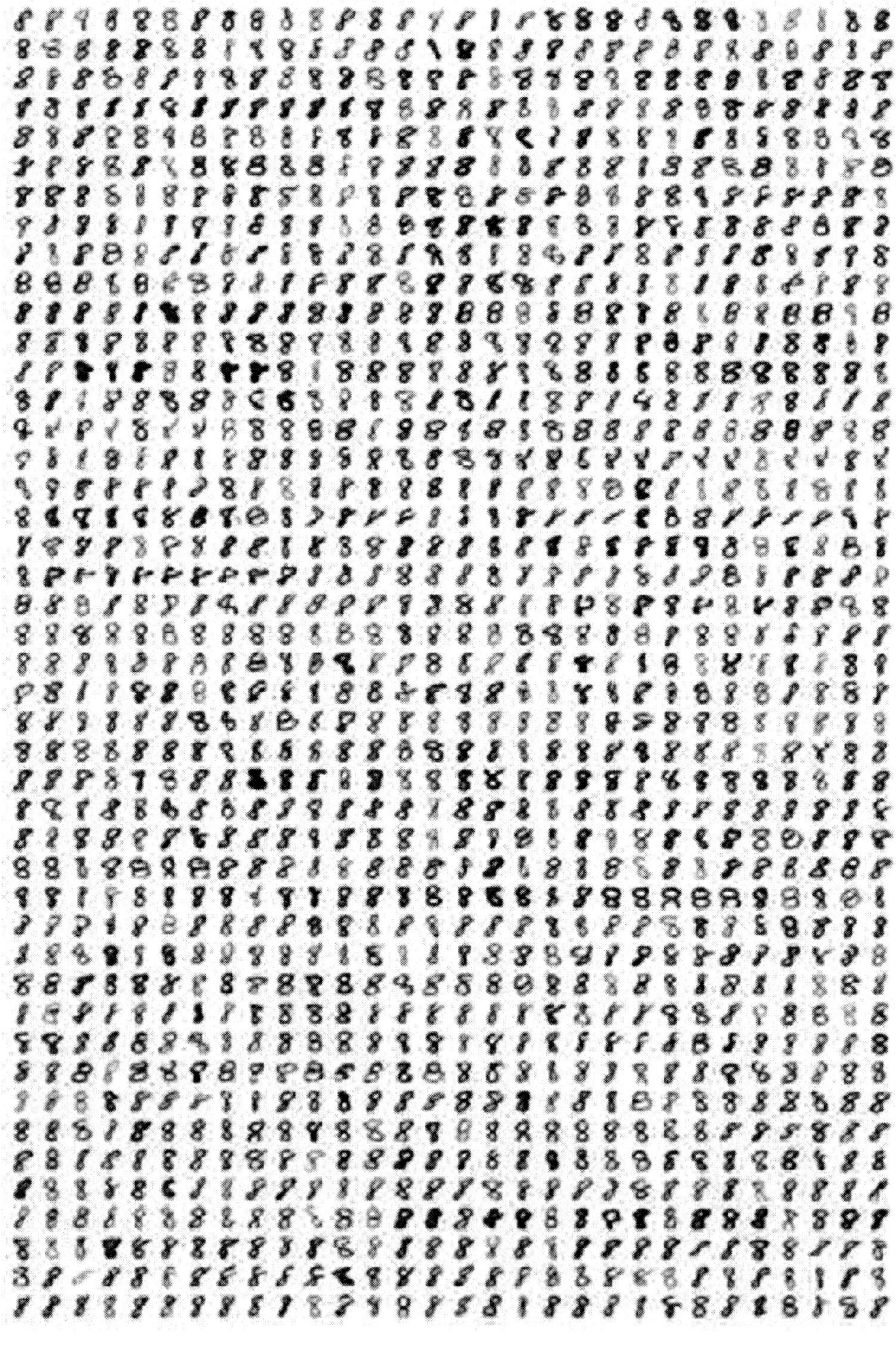

그림 2.22: MNIST 데이터베이스 숫자 8.

그림 2.23: MNIST 데이터베이스 숫자 9.

제 5 절 숫자인식 머신러닝 알고리즘

28×28크기의 숫자 이미지 데이터 $\mathbf{x}$가 입력되면 그 이미지가 어떤 숫자인지를 알려주는 $\mathbf{y} = (y_1, y_2, \cdots, y_{10})$를 출력하는 함수 f를 구축하려고 한다.

$$\mathbf{y} = f(\mathbf{x}, W, V), \tag{2.9}$$

여기서 W, V는 알고리즘이 주어진 학습 데이터를 이용하여 학습을 통해서 정해야 하는 상수 행렬이다. 만약에 $y_k = \max_{1 \le i \le 10} y_i$이면 입력 이미지 $\mathbf{x}$를 숫자 k로 인식을 할 것이다. 여기서 $k = 10$인 경우는 숫자 0과 동일시한다. 숫자인식 머신러닝 알고리즘의 목표는 주어진 학습 데이터로부터 W, V의 값을 잘 구해서, 새로운 이미지가 나타내는 숫자에 대해 함수 (2.9)를 이용하여 판별하는 것이다. 행렬 W, V의 값이 주어졌을 때, $\mathbf{y}$를 구하는 방법을 자세히 알아보자. 숫자 이미지 데이터 $\mathbf{x} = [x_1, x_2, \cdots, x_{784}]^T$에 $x_0 = 1$을 추가하여 $\tilde{\mathbf{x}} = [x_0, x_1, x_2, \cdots, x_{784}]^T$을 입력 데이터로 놓자. 총 30 개의 은닉층의 노드들 각각을 계산하기 위해서 주어진 이미지 데이터 $\tilde{\mathbf{x}} = [x_0\ x_1\ x_2\ \cdots\ x_{784}]^T$에 가중값 785 개 $(w_{j,0}, \cdots, w_{j,i}, \cdots, w_{j,784})$가 곱해져서 합산하게 된다. 즉, $j = 1, \cdots, 30$에 대해서 다음을 계산한다.

$$u_j^{hidden} = w_{j,0}x_0 + \cdots + w_{j,i}x_i + \cdots + w_{j,784}x_{784} \tag{2.10}$$

[그림 2.24] 을 보면 위 과정은 입력층(Input layer)에서 은닉층(Hidden layer)에 도식화되었다.

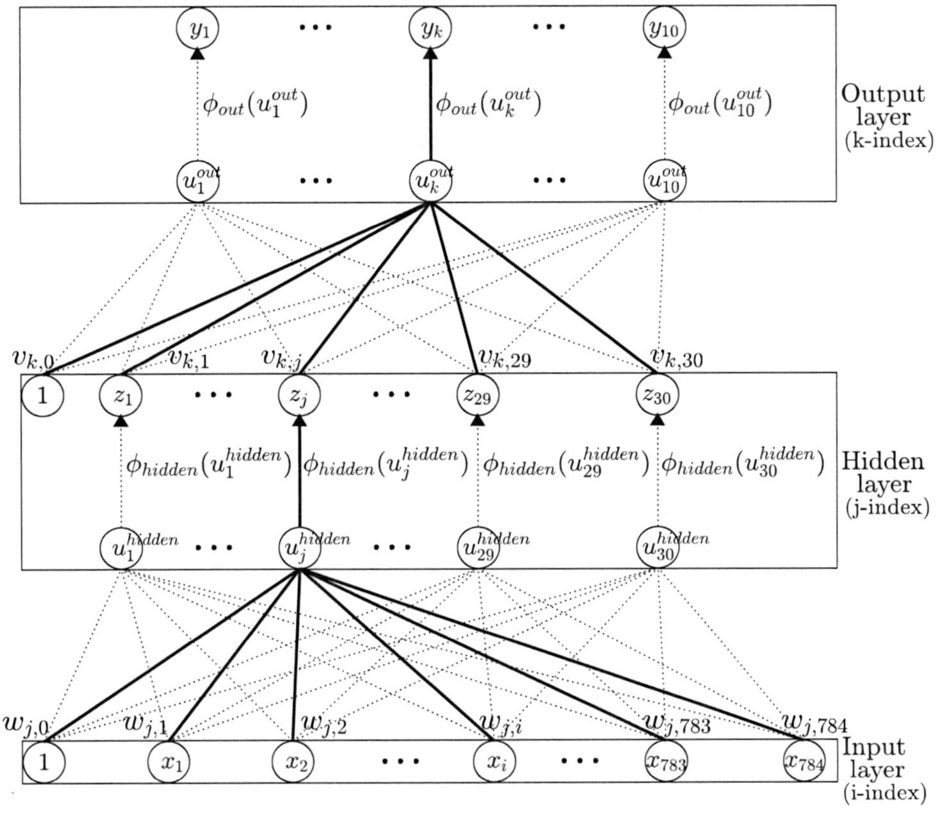

그림 2.24: Input layer: $\tilde{\mathbf{x}} = [1\ x_1\ x_2\ \cdots\ x_{784}]^T$.

Hidden layer: $z_j = \phi_{hidden}(\sum_{i=0}^{784} w_{j,i}x_i),\ 1 \le j \le 30,\ x_0 = 1.$

Output layer: $y_k = \phi_{out}(\sum_{j=0}^{30} v_{k,j}z_j),\ 1 \le k \le 10,\ z_0 = 1.$

이를 행렬과 벡터의 곱으로 나타내면 다음과 같다.

$$
\mathbf{u}^{hidden} = \begin{pmatrix} u_1^{hidden} \\ \vdots \\ u_j^{hidden} \\ \vdots \\ u_{30}^{hidden} \end{pmatrix} = \begin{pmatrix} \sum_{i=0}^{784} w_{1,i}x_i \\ \vdots \\ \sum_{i=0}^{784} w_{j,i}x_i \\ \vdots \\ \sum_{i=0}^{784} w_{30,i}x_i \end{pmatrix} \tag{2.11}
$$

$$
= \begin{pmatrix} w_{1,0}x_0 + \cdots + w_{1,i}x_i + \cdots + w_{1,784}x_{784} \\ \vdots \\ w_{j,0}x_0 + \cdots + w_{j,i}x_i + \cdots + w_{j,784}x_{784} \\ \vdots \\ w_{30,0}x_0 + \cdots + w_{30,i}x_i + \cdots + w_{30,784}x_{784} \end{pmatrix}
$$

$$
= \begin{pmatrix} w_{1,0} & \cdots & w_{1,i} & \cdots & w_{1,784} \\ \vdots & & \vdots & & \vdots \\ w_{j,0} & \cdots & w_{j,i} & \cdots & w_{j,784} \\ \vdots & & \vdots & & \vdots \\ w_{30,0} & \cdots & w_{30,i} & \cdots & w_{30,784} \end{pmatrix} \begin{pmatrix} x_0 \\ \vdots \\ x_i \\ \vdots \\ x_{784} \end{pmatrix} = W\tilde{\mathbf{x}}
$$

여기서 $x_0 = 1$, 그리고 $w_{j,0},\ j = 1,\ \cdots, 30$는 편향이다. 가중값 W는 30×785 크기의 행렬이다. 이렇게 구한 가중합 $\mathbf{u}^{hidden}$은 은닉층의 입력되고 은닉층의 활성화 함수로 시그모이드 (sigmoid) 함수 $\phi_{hidden}(u) = \dfrac{1}{1+e^{-u}}$를 사용하여 은닉층의 출력을 다음과 같이 계산한다.

$$\mathbf{z} = \begin{pmatrix} z_1 \\ \vdots \\ z_j \\ \vdots \\ z_{30} \end{pmatrix} = \begin{pmatrix} \phi_{hidden}(u_1^{hidden}) \\ \vdots \\ \phi_{hidden}(u_j^{hidden}) \\ \vdots \\ \phi_{hidden}(u_{30}^{hidden}) \end{pmatrix} = \begin{pmatrix} \phi_{hidden}\left(\sum_{i=0}^{784} w_{1,i}x_i\right) \\ \vdots \\ \phi_{hidden}\left(\sum_{i=0}^{784} w_{j,i}x_i\right) \\ \vdots \\ \phi_{hidden}\left(\sum_{i=0}^{784} w_{30,i}x_i\right) \end{pmatrix} \tag{2.12}$$

위 과정은 [그림 2.24]에서 은닉층 (Hidden layer)에 도식화 되었다. 은닉층의 출력값 $\mathbf{z} = [z_1, z_2, \cdots, z_{30}]^T$에 $z_0 = 1$을 추가하여 $\tilde{\mathbf{z}} = [z_0, z_1, z_2, \cdots, z_{30}]^T$를 만들자. 총 10 개의 결과를 얻기 위해 $\tilde{\mathbf{z}} = [z_0, z_1, z_2, \cdots, z_{30}]^T$에 가중값 31 개 $(v_{k,0}, \cdots, v_{k,j}, \cdots, v_{k,30})$가 곱해져서 합산하게 된다. 즉, $k = 1, \cdots, 10$에 대해서 다음을 계산한다.

$$u_k^{out} = v_{k,0}z_0 + \cdots + v_{k,j}z_j + \cdots + v_{k,30}z_{30} \tag{2.13}$$

[그림 2.24]을 보면 위 과정은 은닉층 (Hidden layer)에서 출력층 (Output layer)에 도식화되었다.

이를 행렬과 벡터의 곱으로 나타내면 다음과 같다.

$$
\mathbf{u}^{out} = \begin{pmatrix} u_1^{out} \\ \vdots \\ u_k^{out} \\ \vdots \\ u_{10}^{out} \end{pmatrix} = \begin{pmatrix} \sum_{j=0}^{30} v_{1,j} z_j \\ \vdots \\ \sum_{j=0}^{30} v_{k,j} z_j \\ \vdots \\ \sum_{j=0}^{30} v_{10,j} z_j \end{pmatrix} = \begin{pmatrix} v_{1,0}z_0 + \cdots + v_{1,j}z_j + \cdots + v_{1,30}z_{30} \\ \vdots \\ v_{k,0}z_0 + \cdots + v_{k,j}z_j + \cdots + v_{k,30}z_{30} \\ \vdots \\ v_{10,0}z_0 + \cdots + v_{10,j}z_j + \cdots + v_{10,30}z_{30} \end{pmatrix}
$$

$$
= \begin{pmatrix} v_{1,0} & \cdots & v_{1,j} & \cdots & v_{1,30} \\ \vdots & & \vdots & & \vdots \\ v_{k,0} & \cdots & v_{k,j} & \cdots & v_{k,30} \\ \vdots & & \vdots & & \vdots \\ v_{10,0} & \cdots & v_{10,j} & \cdots & v_{10,30} \end{pmatrix} \begin{pmatrix} z_0 \\ \vdots \\ z_j \\ \vdots \\ z_{30} \end{pmatrix} = V\tilde{\mathbf{z}} \tag{2.14}
$$

여기서 $z_0 = 1$, 그리고 $v_{k,0}$, $j = 1, \cdots, 10$는 편향이다. 가중값 V는 10×31 크기의 행렬이다. 이렇게 구한 가중합 $\mathbf{u}^{out}$은 출력층의 입력이 되고 출력층의 활성화 함수로 시그모이드 함수 $\phi_{out}(u) = \dfrac{1}{1 + e^{-u}}$를 사용하여 출력층의 출력을 다음과 같이 계산한다.

$$\mathbf{y} = \begin{pmatrix} y_1 \\ \vdots \\ y_k \\ \vdots \\ y_{10} \end{pmatrix} = \begin{pmatrix} \phi_{out}(u_1^{out}) \\ \vdots \\ \phi_{out}(u_k^{out}) \\ \vdots \\ \phi_{out}(u_{10}^{out}) \end{pmatrix} = \begin{pmatrix} \phi_{out}\left(\sum_{j=0}^{30} v_{1,j} z_j\right) \\ \vdots \\ \phi_{out}\left(\sum_{j=0}^{30} v_{k,j} z_j\right) \\ \vdots \\ \phi_{out}\left(\sum_{j=0}^{30} v_{10,j} z_j\right) \end{pmatrix}. \tag{2.15}$$

위 과정을 형식적으로 표현하면 다음과 같다

$$\mathbf{y} = f(\mathbf{x}, W, V) = \phi_{out}\left[V \widetilde{\phi_{hidden}}(W\tilde{\mathbf{x}})\right]. \tag{2.16}$$

지금까지의 계산에서 우리는 W, V의 값을 이미 알고 있다는 가정하에서 이미지 데이터 $\mathbf{x}$가 입력되면 $\mathbf{y}$를 출력할 수 있었다. 그러나 일반적으로 W, V의 값을 미리 알 수는 없다. 지금부터는 학습 데이터를 이용하여 W, V의 값을 정하는 것을 알아보자. MNIST에서 6만 개의 학습 이미지 데이터 ($X = \{\mathbf{x}_1,\ \mathbf{x}_2, \cdots, \mathbf{x}_{60000}\}$)와 각 학습 이미지 데이터에 해당하는 라벨 데이터 ($T = \{\mathbf{t}_1,\ \mathbf{t}_2, \cdots, \mathbf{t}_{60000}\}$)를 이용할 것이다.

오차함수는 다음과 같이 정의하고 오차함수가 최소가 되는 W, V의 값을 경사하강법 (Gradient descent method)을 사용하여 구해보자.

$$\mathbf{E}(X, T, W, V) = \frac{1}{60000} \sum_{l=1}^{60000} E_l(\mathbf{x}_l, \mathbf{t}_l, W, V), \tag{2.17}$$

$$E_l(\mathbf{x}_l, \mathbf{t}_l, W, V) = \frac{1}{2}\|\mathbf{y}_l - \mathbf{t}_l\|^2, \quad \|\mathbf{t}\|^2 = \sum_{k=1}^{10} t_k^2. \tag{2.18}$$

여기서 $\mathbf{t}_l = [t_1\ t_2\ \cdots\ t_{10}]^T$ 는 l번째 이미지의 숫자를 나타내는 값이다. 즉, 다음과 같이 각 숫자를 나타내는 벡터이다.

$$\begin{aligned}
\text{숫자 1번 이미지}: &\quad \mathbf{t} = [1,0,0,0,0,0,0,0,0,0] \\
\text{숫자 2번 이미지}: &\quad \mathbf{t} = [0,1,0,0,0,0,0,0,0,0] \\
\text{숫자 3번 이미지}: &\quad \mathbf{t} = [0,0,1,0,0,0,0,0,0,0] \\
\text{숫자 4번 이미지}: &\quad \mathbf{t} = [0,0,0,1,0,0,0,0,0,0] \\
\text{숫자 5번 이미지}: &\quad \mathbf{t} = [0,0,0,0,1,0,0,0,0,0] \\
\text{숫자 6번 이미지}: &\quad \mathbf{t} = [0,0,0,0,0,1,0,0,0,0] \\
\text{숫자 7번 이미지}: &\quad \mathbf{t} = [0,0,0,0,0,0,1,0,0,0] \\
\text{숫자 8번 이미지}: &\quad \mathbf{t} = [0,0,0,0,0,0,0,1,0,0] \\
\text{숫자 9번 이미지}: &\quad \mathbf{t} = [0,0,0,0,0,0,0,0,1,0] \\
\text{숫자 0번 이미지}: &\quad \mathbf{t} = [0,0,0,0,0,0,0,0,0,1]
\end{aligned}$$

편의상 $\mathbf{x} = \mathbf{x}_l$, $\mathbf{t} = \mathbf{t}_l$라 하자. 즉,

$$\begin{aligned}
\mathbf{y} &= (y_1, y_2, \cdots, y_{10}), \\
\mathbf{t} &= (t_1, t_2, \cdots, t_{10}).
\end{aligned}$$

그러면 식 (2.18)는 다음과 같이 쓸 수 있다.

$$\begin{aligned}
E_l(\mathbf{x}, \mathbf{t}, W, V) &= \frac{1}{2}\|\mathbf{y} - \mathbf{t}\|^2 = \frac{1}{2}\sum_{k=1}^{10}(\phi_{out}(u_k^{out}) - t_k)^2 \qquad (2.19)\\
&= \frac{1}{2}\big[(\phi_{out}(u_1^{out}) - t_1)^2 + (\phi_{out}(u_2^{out}) - t_2)^2 + \cdots \\
&\quad + (\phi_{out}(u_k^{out}) - t_k)^2 + \cdots + (\phi_{out}(u_{10}^{out}) - t_{10})^2\big] \\
&= \frac{1}{2}\left(\left[\phi_{out}\left(\sum_{j=0}^{30} v_{1,j} z_j\right) - t_1\right]^2 + \left[\phi_{out}\left(\sum_{j=0}^{30} v_{2,j} z_j\right) - t_2\right]^2\right. \\
&\quad + \cdots + \left[\phi_{out}\left(\sum_{j=0}^{30} v_{k,j} z_j\right) - t_k\right]^2 + \cdots \\
&\quad \left. + \left[\phi_{out}\left(\sum_{j=0}^{30} v_{10,j} z_j\right) - t_{10}\right]^2\right)
\end{aligned}$$

이 문제에 대한 경사 하강법은 다음과 같이 정의할 수 있다.

$$w_{j,i}^{(n+1)} = w_{j,i}^{(n)} - \eta \frac{\partial E_l^{(n)}}{\partial w_{j,i}}, \ 1 \le j \le 30, \ 0 \le i \le 784 \qquad (2.20)$$

$$v_{k,j}^{(n+1)} = v_{k,j}^{(n)} - \eta \frac{\partial E_l^{(n)}}{\partial v_{k,j}}, \ 1 \le k \le 10, \ 0 \le j \le 30. \qquad (2.21)$$

식 (2.21)에 있는 $\frac{\partial E_l^{(n)}}{\partial v_{k,j}}$를 먼저 유도해보자. 위 식 (2.19)에서 $v_{k,j}$를 포함하는 항은 하나만 있으므로, $1 \le k \le 10$, $0 \le j \le 30$에 대해서

$$\begin{aligned}
\frac{\partial E_l}{\partial v_{k,j}} &= \frac{1}{2}\frac{\partial}{\partial v_{k,j}}\left[\phi_{out}\left(\sum_{j=0}^{30} v_{k,j} z_j\right) - t_k\right]^2 \qquad (2.22)\\
&= \left[\phi_{out}\left(\sum_{j=0}^{30} v_{k,j} z_j\right) - t_k\right]\phi'_{out}\left(\sum_{j=0}^{30} v_{k,j} z_j\right) z_j
\end{aligned}$$

$$= \left[\phi_{out}\left(u_k^{out}\right) - t_k\right]\phi'_{out}\left(u_k^{out}\right)z_j = (y_k - t_k)\,\phi'_{out}\left(u_k^{out}\right)z_j.$$

여기서 $\phi_{out}(u)$의 미분은 다음과 같다.

$$\phi'_{out}(u) = \left(\frac{1}{1+e^{-u}}\right)' = \frac{e^{-u}}{(1+e^{-u})^2}. \tag{2.23}$$

다음으로 식 (2.20)에 있는 $\frac{\partial E_l^{(n)}}{\partial w_{j,i}}$를 유도하기 위해 식 (2.19)를 좀 더 풀어서 다음과 같이 $w_{j,i}$의 함수로 나타내자.

$$\begin{aligned}
E_l(\mathbf{x},\mathbf{t},W,V) &= \frac{1}{2}\|\mathbf{y}-\mathbf{t}\|^2 = \frac{1}{2}\sum_{k=1}^{10}(\phi_{out}(u_k^{out}) - t_k)^2 \qquad (2.24)\\
&= \frac{1}{2}\big[(\phi_{out}(u_1^{out}) - t_1)^2 + (\phi_{out}(u_2^{out}) - t_2)^2 + \cdots\\
&+ (\phi_{out}(u_k^{out}) - t_k)^2 + \cdots + (\phi_{out}(u_{10}^{out}) - t_{10})^2\big]\\
&= \frac{1}{2}\left(\left[\phi_{out}\left(\sum_{j=0}^{30} v_{1,j}z_j\right) - t_1\right]^2 + \left[\phi_{out}\left(\sum_{j=0}^{30} v_{2,j}z_j\right) - t_2\right]^2 + \cdots\right.\\
&\left. + \left[\phi_{out}\left(\sum_{j=0}^{30} v_{k,j}z_j\right) - t_k\right]^2 + \cdots + \left[\phi_{out}\left(\sum_{j=0}^{30} v_{10,j}z_j\right) - t_{10}\right]^2\right)\\
&= \frac{1}{2}\left(\left[\phi_{out}\left(v_{1,0} + \sum_{j=1}^{30} v_{1,j}\phi_{hidden}\left(\sum_{i=0}^{784} w_{j,i}x_i\right)\right) - t_1\right]^2\right.\\
&+ \left[\phi_{out}\left(v_{2,0} + \sum_{j=1}^{30} v_{2,j}\phi_{hidden}\left(\sum_{i=0}^{784} w_{j,i}x_i\right)\right) - t_2\right]^2 + \cdots\\
&+ \left[\phi_{out}\left(v_{k,0} + \sum_{j=1}^{30} v_{k,j}\phi_{hidden}\left(\sum_{i=0}^{784} w_{j,i}x_i\right)\right) - t_k\right]^2 + \cdots\\
&\left. + \left[\phi_{out}\left(v_{10,0} + \sum_{j=1}^{30} v_{10,j}\phi_{hidden}\left(\sum_{i=0}^{784} w_{j,i}x_i\right)\right) - t_{10}\right]^2\right).
\end{aligned}$$

$1 \le j \le 30$, $0 \le i \le 784$에 대해서

$$
\begin{aligned}
\frac{\partial E_l}{\partial w_{j,i}} &= \left[\phi_{out}\left(v_{1,0} + \sum_{j=1}^{30} v_{1,j}\phi_{hidden}\left(\sum_{i=0}^{784} w_{j,i}x_i\right)\right) - t_1\right] \\
&\quad \times \phi'_{out}\left(v_{1,0} + \sum_{j=1}^{30} v_{1,j}\phi_{hidden}\left(\sum_{i=0}^{784} w_{j,i}x_i\right)\right) v_{1,j}\phi'_{hidden}\left(\sum_{i=0}^{784} w_{j,i}x_i\right) x_i \\
&+ \left[\phi_{out}\left(v_{2,0} + \sum_{j=1}^{30} v_{2,j}\phi_{hidden}\left(\sum_{i=0}^{784} w_{j,i}x_i\right)\right) - t_2\right] \\
&\quad \times \phi'_{out}\left(v_{2,0} + \sum_{j=1}^{30} v_{2,j}\phi_{hidden}\left(\sum_{i=0}^{784} w_{j,i}x_i\right)\right) v_{2,j}\phi'_{hidden}\left(\sum_{i=0}^{784} w_{j,i}x_i\right) x_i \\
&+ \cdots \\
&+ \left[\phi_{out}\left(v_{k,0} + \sum_{j=1}^{30} v_{k,j}\phi_{hidden}\left(\sum_{i=0}^{784} w_{j,i}x_i\right)\right) - t_k\right] \\
&\quad \times \phi'_{out}\left(v_{k,0} + \sum_{j=1}^{30} v_{k,j}\phi_{hidden}\left(\sum_{i=0}^{784} w_{j,i}x_i\right)\right) v_{k,j}\phi'_{hidden}\left(\sum_{i=0}^{784} w_{j,i}x_i\right) x_i \\
&+ \cdots \\
&+ \left[\phi_{out}\left(v_{10,0} + \sum_{j=1}^{30} v_{10,j}\phi_{hidden}\left(\sum_{i=0}^{784} w_{j,i}x_i\right)\right) - t_{10}\right] \\
&\quad \times \phi'_{out}\left(v_{10,0} + \sum_{j=1}^{30} v_{10,j}\phi_{hidden}\left(\sum_{i=0}^{784} w_{j,i}x_i\right)\right) v_{10,j}\phi'_{hidden}\left(\sum_{i=0}^{784} w_{j,i}x_i\right) x_i \\
&= \left[\phi_{out}\left(u_1^{out}\right) - t_1\right] \phi'_{out}\left(u_1^{out}\right) v_{1,j}\phi'_{hidden}\left(u_j^{hidden}\right) x_i \\
&+ \left[\phi_{out}\left(u_2^{out}\right) - t_2\right] \phi'_{out}\left(u_2^{out}\right) v_{2,j}\phi'_{hidden}\left(u_j^{hidden}\right) x_i \\
&+ \cdots + \left[\phi_{out}\left(u_k^{out}\right) - t_k\right] \phi'_{out}\left(u_k^{out}\right) v_{k,j}\phi'_{hidden}\left(u_j^{hidden}\right) x_i \\
&+ \cdots + \left[\phi_{out}\left(u_{10}^{out}\right) - t_{10}\right] \phi'_{out}\left(u_{10}^{out}\right) v_{10,j}\phi'_{hidden}\left(u_j^{hidden}\right) x_i
\end{aligned}
\tag{2.25}
$$

$$= \phi'_{hidden}\left(u_j^{hidden}\right)\sum_{k=1}^{10}\left(\left[\phi_{out}\left(u_k^{out}\right) - t_k\right]\phi'_{out}\left(u_k^{out}\right)v_{k,j}\right)x_i$$

$$= \phi'_{hidden}\left(u_j^{hidden}\right)\sum_{k=1}^{10}\left[(y_k - t_k)\phi'_{out}\left(u_k^{out}\right)v_{k,j}\right]x_i.$$

여기서 $\phi_{hidden}(u)$의 미분은 다음과 같다.

$$\phi'_{hidden}(u) = \left(\frac{1}{1+e^{-u}}\right)' = \frac{e^{-u}}{(1+e^{-u})^2}. \tag{2.26}$$

알고리즘 요약

$$\mathbf{E}(X,T,W,V) = \frac{1}{60000}\sum_{m=1}^{60000}\frac{1}{2}\|\mathbf{t}_m - f(\mathbf{x}_m,W,V)\|^2$$

1. 초기 가중값 $W^{(1)}$, $V^{(1)}$를 각각 크기가 30×785, 10×31 크기의 랜덤 값으로 초기화한다. 학습률 $\eta = 0.05$와 오차의 최솟값(tol), 최대반복횟수를 설정한다.
2. 6만 개의 학습 이미지 데이터에 대해서 가중값(W와 V)을 수정하는데 한 번에 한 개의 이미지 데이터에 대해서 가중값을 수정한다.
현재 갖고 있는 가중값 $W^{(n)}$, $V^{(n)}$을 이용하여 다음 순서대로 구한다.

방정식 (2.11) 이용하여 $\mathbf{u}^{hidden} = W^{(n)}\mathbf{x}$,

방정식 (2.12) 이용하여 $\mathbf{z} = \phi_{hidden}(\mathbf{u}^{hidden})$,

방정식 (2.14) 이용하여 $\mathbf{u}^{out} = V^{(n)}\mathbf{z}$,

방정식 (2.15) 이용하여 $\mathbf{y} = \phi_{out}(\mathbf{u}^{out})$.

경사 하강법을 이용하여 가중치를 수정한다.

$$v_{k,j}^{(n+1)} = v_{k,j}^{(n)} - \eta \frac{\partial E_l^{(n)}}{\partial v_{k,j}} = v_{k,j}^{(n)} - \eta[(y_k - t_k)\, \phi'_{out}\left(u_k^{out}\right) z_j], \tag{2.27}$$

$$1 \le k \le 10,\ 0 \le j \le 30,$$

$$w_{j,i}^{(n+1)} = w_{j,i}^{(n)} - \eta \frac{\partial E_l^{(n)}}{\partial w_{j,i}} \tag{2.28}$$

$$= w_{j,i}^{(n)} - \eta \phi'_{hidden}\left(u_j^{hidden}\right) \sum_{k=1}^{10} \left[(y_k - t_k)\phi'_{out}\left(u_k^{out}\right) v_{k,j}^{(n)}\right] x_i,$$

$$1 \le j \le 30,\ 0 \le i \le 784.$$

3. 전체 학습 이미지 데이터 X에 대하여 2과정을 모두 수행한 후 학습 횟수가 n이 최대 반복 횟수보다 작으면 $n = n + 1$로 설정하고 과정 2, 3을 반복한다. 그렇지 않으면 학습을 끝낸다.

MNIST 데이터 학습

다음 홈페이지에 있는 데이터와 텐서플로를 이용한 Python 코드로 MNIST 데이터를 학습하는 코드를 통해 알아보자. http://elie.korea.ac.kr/~cfdkim/ML에서 MLcode_Tensorflow.zip을 다운받아서 적당한 폴더에 저장한 후에 그 폴더 안에 압축을 푼다. 압축을 푼 폴더 안에 있는 learning_book.ipynb파일을 'jupyter notebook'에서 불러온 후에 실행시킨다. 이렇게 실행된 코드는 MNIST 데이터를 불러오고 모델을 구축하여 학습하여 모델 데이터를 저장하는 코드이다.

```
In[1]:  from tensorflow.keras.models import Sequential
        from tensorflow.keras.layers import Dense
        import tensorflow as tf
        import pickle
        def mnist_load():
            Images = open('trainimages.bin','rb')
            Labels = open('trainlabels.bin','rb')
            Xtrain = pickle.load(Images)/255.0
            Ytrain = pickle.load(Labels)
            Images.close()
            Labels.close()
            Images = open('testimages.bin','rb')
            Labels = open('testlabels.bin','rb')
            Xtest = pickle.load(Images)/255.0
            Ytest = pickle.load(Labels)
            Images.close()
```

```
        Labels.close()
        return (Xtrain,Ytrain),(Xtest,Ytest)
```

```
In[2]:  (x_train, y_train), (x_test, y_test) = mnist_load()
        nb_DNN1 = 30
        nb_DNN2 = 10
        learning_rate=0.00001
        epoch_train = 30
```

```
In[3]:  GD=tf.compat.v1.train.GradientDescentOptimizer(learning_rate)
        model = Sequential()
        model.add(Dense(units=nb_DNN1,input_shape=(28*28,),
                activation='sigmoid'))
        model.add(Dense(units=nb_DNN2,activation='sigmoid'))
        model.compile(loss='mean_squared_error',
                optimizer=GD,metrics=['accuracy'])
        model.fit(x_train,y_train,epochs=epoch_train,verbose=2)
```

```
In[4]:  model.save('mnist_dnn_model.h5')
```

본 도서의 목표는 MNIST 손글씨 데이터를 학습하는 코드를 작성하는 것이다. 따라서 MNIST 손글씨 데이터를 읽어와야 한다. 모듈 'pickle' 은 자료형 데이터를 데이터 형식 그대로 저장하거나 불러오는 모듈이다. 우선 일반적으로 데이터를 읽고 쓰기 위해 파일을 불러오는 'open()' 과 'close()' 함수에 대해 알아보자.

open()

파일을 생성할 때 사용하는 함수이다. 이 책에서는 'open'함수의 인자 중 'r'(읽기모드), 'b'(바이너리 모드, 2진 모드)만 사용한다. 여기서 바이너리는 데이터 정보가 '0'과 '1'로 이루어져 있음을 의미한다.

```
In[1]:  Images = open('trainimages.bin','rb')
```

현재 경로에 trainimages.bin파일을 바이트 단위를 사용하는 읽기 전용 파일로 생성한다.

close()

'open()'을 이용하여 생성한 파일은 작업(읽기 혹은 쓰기)이 끝나면 'close()'를 이용하여 닫아줘야 한다. 다음 코드는 앞의 'open()' 코드를 실행 후 실행해야 한다.

```
In[2]:  Images.close()
```

pickle.dump()

바이트 형식의 파일의 데이터를 쓰는 함수이다. 다음 코드는 'list'자료형의 데이터를 'txt'형식으로 작성하는 코드이다.

```
In[1]:  import pickle
```

```
In[2]:  A = [0,1,0,1]
        a = open('a.txt','wb')
        pickle.dump(A,a)
        a.close()
```

pickle.load()

바이트 형식의 파일의 데이터를 읽어오는 함수이다. 다음 코드는 'txt' 형식 파일에 작성된 데이터를 읽어오는 코드이다.

```
In[1]:  import pickle
```

```
In[2]:  b = open('a.txt','rb')
        c = pickle.load(b)
        b.close()
        print(c)
```

```
[0,1,0,1]
```

예측 테스트

학습이 성공적으로 이루어졌는지 확인하기 위해서 테스트를 진행하도록 하자. 테스트는 윈도우의 그림판을 이용하여 숫자를 그려보고, 파일로 저장한 후, 그 파일의 숫자를 성공적으로 인식하는지 확인하는 것이다.

윈도우의 그림판은 'window키' + 's'를 눌러 '그림판' 또는 'mspaint.exe'를 검색하여 실행 가능하다.

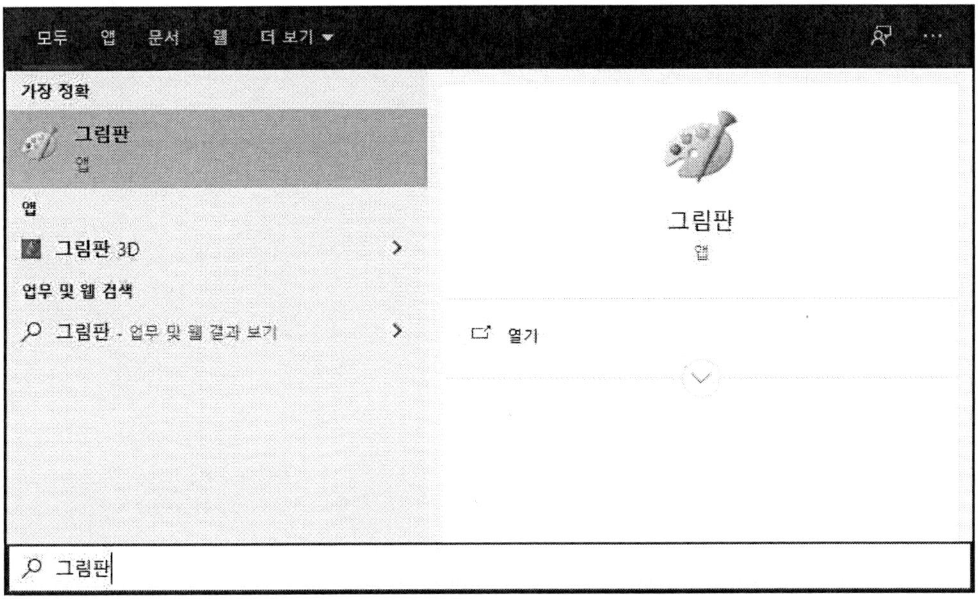

그림 2.25: 그림판 실행

그림판을 실행한 뒤에, 그림판의 크기를 조절하기 위하여 홈 메뉴 탭의 크기 조정 아이콘을 클릭한다. 클릭한 후에 크기는 픽셀 단위로 선정하고, 크기는 가로세로 비율 유지를 해제한 뒤 가로 28, 세로 28로 설정한다.

그림 2.26: 그림판 크기 조정

원하는 숫자를 연필 도구를 이용하여 그려주면 된다. 이때, 연필의 두께는 기본값인 1px보다는 2px를 사용하면 보다 정확한 인식률을 보인다.

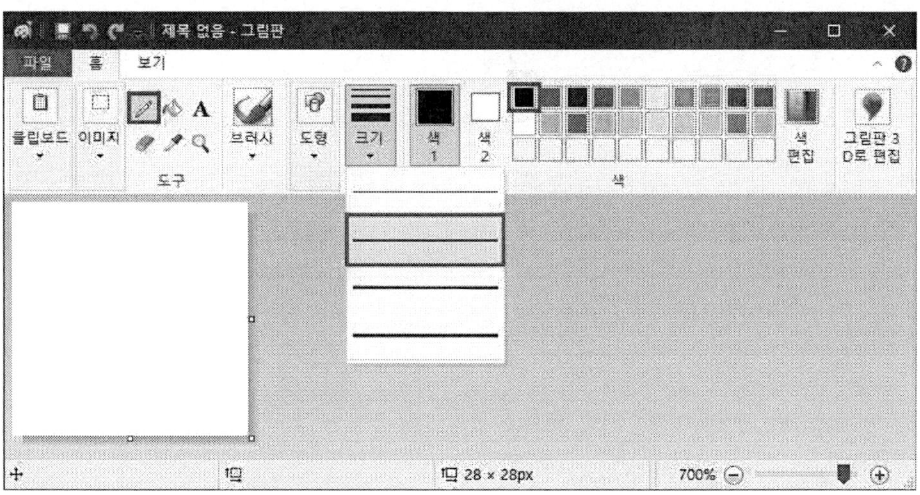

그림 2.27: 연필 두께 설정

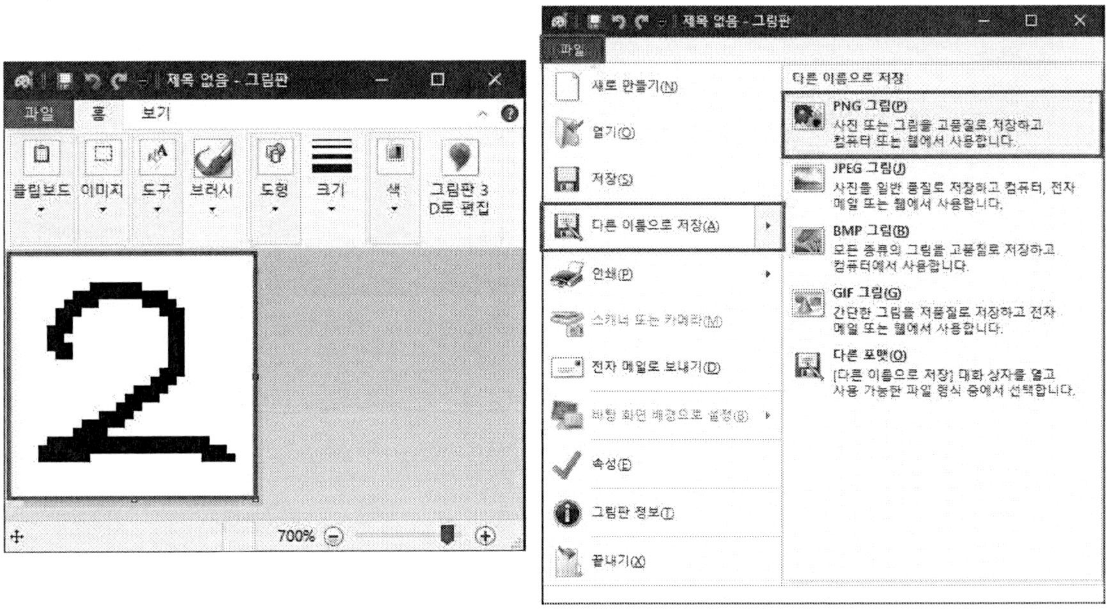

그림 2.28: 원하는 숫자 작성 및 test.png 파일 저장

원하는 숫자를 그린 후, 다른 이름으로 저장을 클릭하여 `test.png` 파일로 저장하면 된다. 저장한 `test.png`파일을 `predict_book.ipynb`파일과 같은 폴더에 넣고, `predict_book.ipynb`을 실행하면 된다.

6만 개의 이미지를 학습한 모델을 이용하여 제공한 `test.png`의 숫자를 예측하기 위해 아래의 코드를 실행해보자. 실행하면 다음과 같이 예측한 결과를 출력해준다.

```
In[1]:  from tensorflow.keras.models import load_model
        import matplotlib.pyplot as plt
        import matplotlib.image as img
        import numpy as np
```

```
In[2]:  newdata = img.imread("test.png")
        newdata = 1-newdata[:,:,0]
        test = newdata.reshape([1,28*28])
```

```
In[3]:  model = load_model('mnist_dnn_model.h5')
        prediction = model.predict(test)
        print('New image is :',np.argmax(prediction))
        plt.imshow(newdata)
        plt.show()

New image is : 2
```

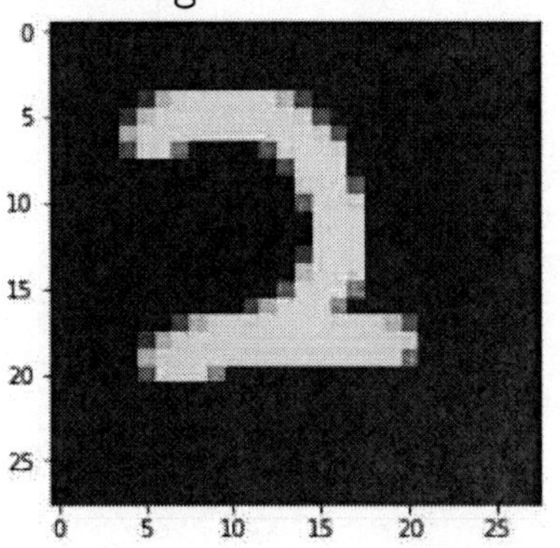

3장

25시 이후에 더 해볼 문제

- 학습률(η) 변경을 통한 숫자 인식 성능 향상
- 반복 횟수를 변경하며 숫자 인식 성능 테스트
- 은닉층의 노드 수를 변경하여 성능 테스트

>>> 참고문헌

[1] 기초부터 활용까지 패턴인식과 기계학습, 박혜영, 이관용, 이한출판사, 2011.

[2] 패턴인식, 오일석, 교보문고, 2008.

[3] 밑바닥부터 시작하는 딥러닝, 사이토 고키 저, 개앞맵시 역, 한빛미디어, 2017

[4] 딥러닝 제대로 시작하기, 오카타니 타카유키 저, 심효섭 역, 제이펍, 2016

[5] 신경망 첫걸음, 타리크 라시드 저, 송교석 역, 한빛미디어, 2017

[6] https://en.wikipedia.org/wiki/MNIST_database

[7] http://yann.lecun.com/exdb/mnist

[8] https://codeonweb.com/entry/12045839-0aa9-4bad-8c7e-336b89401e10

[9] http://solarisailab.com/archives/303

[10] http://ufldl.stanford.edu/wiki/resources/mnistHelper.zip